| 아들에게 알려주는 부자되는 좋은 습관 |

아 들 에 게 알 려 주 는

부자되는
좋은습관

로버트 G. 알렌 지음 / 김주영 편역

백만문화사

부자는 어려서부터
길들인 습관에 의해서 결정된다

나는 가난한 농부의 아들로 태어나서 어려서부터 수많은 고생과 어려움을 겪으며 가난을 뼈저리게 느끼고 살아왔다. 그래서 어떻게 하던지 돈을 벌려고 많은 노력을 했다. 이제 사업가가 되었고, 또 나처럼 가난으로 고통 받고 있는 많은 사람들이 부자가 되도록 하기 위해서 저술 활동도 많이 했다. 이제는 부자가 되는 방법을 어린 자녀들에게도 가르쳐 주어야 하겠다는 것을 느끼고 이 글을 쓰게 되었다.

부자가 되려면 어려서 바른 교육을 받아야 한다고 생각한다. 어려서부터 돈에 대한 가치를 깨닫고 낭비보다는 저축하기를 좋아하고, 돈을 벌기 위해서는 그만한 노력을 해야 한다는 것을 인식해야 한다. 그리고 무엇보다도 어려서부터 좋은 습관을 가져야 한다.

부자가 되려면 어려서부터 부자가 되는 습관을 길들여야 한다. 부는 노력에 의해서 얻어지는 결과라는 것을 깨닫고 열심히 노력하고, 번 돈을 쓸데없이 낭비하지 않고 한 푼이라도 저축하는 습관을 들이는 것이 부자 되는 습관이다.

습관은 어려서부터 길들여지지 않으면 안 된다. 성인이 된 다음 일단 형성된 습관은 고치기가 매우 힘들다. 특히 부자 되기 위한 습관은 더욱 그렇다.

이 글은 나의 아들에게 주는 형식으로 썼다. 아들을 위시해서 많은 청소년들이 이 글을 통해서 부자가 될 수 있는 습관을 터득하여 부자의 대열에 합류하여 삶의 즐거움과 돈이 주는 여유와 풍요를 느끼기를 바란다.

로버트 G. 알렌

아버지가 아들에게 간곡하게 전하는 메시지, 부자가 되는 길

가난은 어떤 말로 두둔하더라도 부유해지기 전에는 진실로 완벽한 삶을 살거나 성공적인 인생을 보낼 수 없다는 사실은 동서고금을 막론하고, 또 시대를 초월하여도 변함이 없는 진실이다. 어느 누구도 돈이 없으면 자신의 재능을 발휘하거나 영혼을 깨울 수 없다. 재능을 개발하고 영혼을 일깨우려면 여러 가지가 있어야 하지만 무엇보다도 돈이 있어야 한다.

그런데 왜 누구는 아무리 열심히 해도 부자가 되지 못하고, 왜 누구는 아무것도 하지 않는 것 같은데 부자가 될까? 이런 의문에 대해서 저자는 본서를 통해서 명쾌하게 답변하고 있다.

저자는 무엇보다도 어려서부터 부자가 되는 습관을 길러야 한다고 역설한다.

부자가 되는 것은 환경의 문제도 아니고, 재능의 문제도 아니며, 저축이나 절약의 문제도 아니며, 업종의 문제도 아니며, 오로지 습관의 문제이다. 이 습관은 어려서부터 형성되므로 어려서부터 이런 습관을 갖도록 해야 한다고 강조한다.

본서는 저자가 딱딱한 문제를 자신의 아들에게 이야기하는 형식으로 진심과 간절함이 스며 있는 메시지 형식으로 썼다. 아버지가 아들에게 가난하게 살지 말고 부자가 되기를 염원하는 간절함이 들어 있어서 더욱 감동적이다.

본서는 편역을 하면서 우리 현실에 맞게끔 풀었으며 예화도 우리 현실에 부합하는 것으로 골라서 편역하였음을 알린다.

본서를 통해서 오늘날 모든 젊은이들이 돈에 대해서 올바른 인식과 함께 부자가 되는 습관을 익혀 마침내 부자의 대열에 합류하여 부자로서의 여유와 기쁨, 그리고 풍요로움을 누리기 바란다.

편역자

3 부자들의 돈 버는 남다른 방식

바빌론 부자들은 어떻게 부자가 되었을까?

　본론에 들어가기 전에 먼저 세계에서 가장 부유했던 왕국 바빌론 부자들이 어떻게 부자가 되었는지 살펴보자.

　〈바빌론 부자들의 돈 버는 지혜〉는 바빌론 부자들의 돈 버는 방법에 대해서 알려준다. 여기서 네가 알아야 할 것은 바빌론 부자들에게는 사람들이 모르는 특별한 법칙 따위는 없었다는 점이다. 그들에게는 돈의 흐름을 지배하는 간단한 법칙만이 있었을 뿐이다.

　어느 날, 바빌론에서 수레를 만들어 근근이 살아가는 반시르와 그의 친구 코비는 부자가 되고 싶어서 바빌론 최고의 부자 아카드를 찾아간다. 두 사람은 공손히 인사를 한 후 큰돈을 모을 수 있는 법칙을 물었

다. 이에 아카드는 두 사람에게 부자 되는 법칙을 제시하였다. 이 법칙

은 6000년 동안 내려오면서 많은 사람들을 부자로 만들었다. 이 법칙

중에서 몇 가지를 너에게 소개할까 한다.

첫째, 바빌론 부자들의 돈 버는 법칙은 간단하고 단순하게 시작된다.

매일 아침 열 개의 달걀을 소쿠리에 담아서 저녁까지 아홉 개만 꺼내서

먹고 한 개는 남겨 둔다. 그러면 며칠 후 소쿠리에 달걀이 수북하게 남

아 있다. 이와 마찬가지로 지갑에서 10개의 동전이 있다고 해서 10개의

동전을 다 쓰지 말고 9개만 쓴다면 얼마 안 있어 지갑이 두툼해진다.

그런데 여기서 네가 유념해야 할 점은 돈을 모을 때 10분의 9만 가지고

살아도 바빌론 왕국의 부자 아카드의 생활은 전혀 달라지지 않았다고

한 점이다. 한 마디로 말해서 예전보다 궁핍하지 않았다는 것이다. 지

갑에서 꺼내는 돈은 일시적으로 만족감을 주지만 이내 덧없이 사라지

고 잊혀지고 마는 것이다. 그러나 지갑에 남아 있는 돈은 네 재산의 일

부가 된다.

둘째, 바빌론 부자 아카드는 다음으로 지출을 관리하라고 하였다.

꼭 써야 할 돈은 신기하게도 수입에 따라서 증가한다. 누구나 편하고 여유 있게 살고 싶지만 불가피한 지출과 불필요한 욕구를 혼돈해선 안 된다. 자신의 생활 습관을 냉정하게 살펴보고 줄일 수 있거나 아예 없앨 수 있는 지출을 찾아내어야 한다. 지출을 줄이는 방법으로는 하고 싶은 것을 적어 놓고 그중에는 반드시 필요한 것과 그렇지 않은 것을 골라내면 된다. 네 수입에서 일정 부분은 절대로 건드리지 않겠다고 결심하고 그렇게 짜여진 예산에 맞춰 생활하라.

바빌론 부자 아카드가 말한 세 번째 규칙은 돈을 지키라는 것이었다.

돈이 있으면 여러 가지 유혹을 받기 쉽다. 큰 이익을 보장해 주겠다고 그럴싸한 말로 접근해오는 사람도 있을 것이고, 잘 모르는 것에 투자하라고 유혹한다. 바빌론 부자 아카드도 보석에 대해서 잘 모르는 벽돌 장사에게 보석을 사달라고 부탁을 했다가 1년간 번 돈을 날려버린 경험이 있음을 말했다. 중요한 것은 힘겹게 모은 돈을 투자하기 전에 신중히 생각하고 또 생각해야 한다는 것이다.

네 번째로 말한 규칙은, 행운의 여신은 가치 있는 행동과 노력이 있는 곳에서 만나라는 것이었다.

밭을 경작할 때, 정직하게 거래할 때, 너는 땀 흘린 만큼의 보상을 받는다. 때로는 태풍을 만나서 농작물을 망칠 때도 있다. 하지만 좌절하지 않고 꾸준히 노력하면 그 시간과 횟수가 늘어날수록 수익을 얻을 수 있는 가능성이 커간다. 반면에 도박은 정반대의 경우다. 도박에 참여하는 횟수가 늘어갈수록 승리의 확률은 점점 줄어든다.

다섯 번째는 돈부터 빌리려는 생각을 버리라고 하였다.

사람들은 성급하게 부자가 되고 싶은 생각에 빨리 돈 버는 지름길을 찾아 무분별하게 돈을 빌리는 경우가 많다. 오늘날 가장 대표적인 것이 주식투자로 큰 수익을 바라고 증권회사에서 빌려서 투자하는 사람들이 수없이 많다. 무분별한 빚은 너를 나락으로 떨어지게 하는 원인이 되며, 한 번 빚의 수렁에 빠지면 헤어나기가 쉽지 않다. 뚜렷한 목표와 신중한 계획, 돈을 갚을 확실한 수단이 없으면 돈부터 빌리려는 생각을 버려야 한다.

마지막으로 아카드가 말한 부자 되는 규칙은 바빌론의 성벽처럼 돈을 안전하게 지켜줄 장치를 마련하라는 것이었다.

수시로 바빌론을 정복하기 위해 침략하는 적군들로부터 수십만 명에 달하는 바빌론 시민의 안전을 지켜준 것은 튼튼한 바빌론 성벽이었다. 이런 보호 장치가 있었기 때문에 바빌론은 수세기 동안 풍요를 누릴 수 있었다. 이처럼 네 돈을 안전하게 지켜줄 안전장치를 마련해야 한다. 네 돈을 지켜줄 안전장치로는 안전한 투자처와 보험을 들 수 있다. 노후자금의 일부를 언제든지 꺼내 쓸 수 있는 안전장치로서, 원금이 손상되지 않는 예금 같은 안전장치를 마련해야 한다. 그러면 보험과 더불어 너의 돈을 바빌론 성벽처럼 든든하게 지켜줄 것이다.

아들아!

부자와 가난한 사람의 차이가 운명이라고 생각하니? 그렇지 않다. 이제부터 네게 제시하려는 비결을 충실히 지키면 너도 틀림없이 부자의 대열에 합류할 수 있을 것이라고 확신한다. 자, 그러면 이제부터 부자 되는 길을 찾아서 떠나 보자.

1

RICH SKILL

왜 부자가 되어야 하는가?

1. 돈이 인생을 좌우한다

WHY

인생에서 두 번 다시 오지 않는 황금기를 맞이한 네게 좀더 멋지고 근사한 이야기를 하지 않고 돈 이야기부터 하는 아버지에게 서운한 마음이 들지도 모른다.

미안하다!

아버지로서 하고 싶은 좋은 말이 많은데 하필 돈 이야기를 하여서 너의 가슴을 답답하게 만드는 것 같아 망설이기도 했단다. 그러나 아들아, 이해해주기를 바란다. 너보다 앞서 험난한 세파를 겪으면서 살아온 인생의 선배로서 삶에서 실제로 무엇이 가장 중요하다는 것을 가르쳐주기 위한 아버지의 마음을 진심으로 이해해주기 바란다.

우리나라에서 태어난 사람으로서 성인이 되어 가장 먼저 해야 할 일이 무엇이라고 생각하니? 사랑? 결혼? 이 모든 것도 중요하지만 무엇보다도 가장 중요한 것은 돈을 버는 일이다. 요즘 같은 자본주의 사회에서 돈을 벌지 못하는 사람은 사람으로서 가치를 인정받지 못한단다.

너에게 아무리 원대한 꿈이 있어도 돈이 없으면 그 꿈을 이룰 수 없으며, 아무리 능력이 뛰어나도 돈이 없는 사람은 제대로 평가받지 못하는 것이 부정할 수 없는 오늘의 현실이다.

네가 비상한 천재라고 하더라도 돈이 없으면 천재라는 명예만 존재할 뿐이다. 또한 이 세상을 살아가면서 돈이 없으면 돈이 있는 사람에게 이끌려 가기 마련이다. 수많은 사람들이 부러워하는 재능이 있어도, 또 아무리 좋은 교육을 받았을지라도 돈의 위력 앞에 굴복하기 마련이다.

돈은 공자보다 맹자보다 지엄하고 철학자보다 가치가 있다. 따라서 아무리 뛰어난 옛글과 학문도 재물을 창출하지 못하면 효용 가치가 없다. 돈을 초월해서 살겠다고 해도 예술가도 돈이 없으면 자신의 삶을 풍요롭게 할 수 없다. 물질적 토대가 없는 직업은 아무리 품위가 있고 고상해도 허상에 불과하다.

오늘날 구청에서 가장 힘들고 지저분한 일을 하는 청소부 모집에 대학을 졸업한 수많은 남녀 청년들이 모였다. 이것은 그 동안 대학에서 배운 공부도 돈을 벌어주지 못하므로 무용지물이며, 4년 동안 정진해온 학문도 돈 앞에는 가치가 없다는 것을 의미한다.

가난을 부끄러워하지 말라고 하는 사람이 있다. 그런 사람의 말은 자존심에서 나온 말이다. 가난을 미화하는 학자도 있다. 부질없는 말장난에 불과하다. 가난은 인간이 살아가는 데 가장 불편하게 만들고 인간을 비굴하게 만드는 적임을 알아야 한다.

돈이 없다는 것은 개인이나 기업, 국가에게 고통과 불행을 안겨줄 뿐이다. 가난한 개인은 비참한 삶을 영위할 수밖에 없다. 이 지구상에서 가난으로 비참하게 살아가는 사람들이 수없이 많다는 것을 기억해야 한다. 그러므로 가난은 죽음보다도 더 가혹하고 비참하고 더 두려운 공포의 대상이다. 그런 공포로부터 벗어나기 위해서는 악착같이 돈을 벌어야 한다.

아들아!

돈의 가치와 소중함을 알고 열심히 돈을 벌어야 한다. 그러기 위해서는 미리미리 준비를 해야 한다. 그리고 부자가 되는 길을 터득해야 한다.

아들아!

솔직하게 말해 보자. 가난하면 어떤 말로 두둔해도 진실로 완벽하거나 성공적인 삶을 살 수가 없다는 사실은 세월이 가도 변하지 않는다. 어느 누구도 금전적인 여유가 없이 자신의 재능을 제대로 개발하거나 정신을 일깨울 수 없다. 자신의 재능을 최대한 개발하여 여러 가지로 이용하려면 돈이 있어야 한다.

살아 있는 모든 생명체는 성장하고 발전하기 위해 존재한다. 이 말은 인간도 몸과 마음이 발전하기 위해서 필요한 모든 것을 뜻대로 사용할 수 있는 권리가 있다는 의미이고, 이것은 곧 부자가 될 권리가 있다는 뜻이다.

생명이 진화하고 성장하는 것은 우주의 섭리이며, 사람은 누구나 힘 있고 고귀하며 아름답고 풍요로운 삶을 누릴 권리가 있으며, 풍요로운 삶에 보탬이 되는 것은 무엇이나 가질 수 있는 권리가 있다. 작은 것에 만족하는 것은 죄악이다.

가능한 최고의 삶을 살아가는 데에 필요한 것을 모두 소유한 사람이 바로 성공한 부자이다. 돈이 충분하지 않으면 누구도 원하는 것을 다 얻지 못한다. 이제는 생활수준도 크게 향상되고, 삶 자체도 매우 복잡해졌으므로 평범한 사람도 삶을 살아가는 데는 돈이 어느 정도 풍족해야 한다.

사람이란 누구나 더 잘 살고 싶은 마음이 있으며, 성공이란 자신이 되고 싶은 사람이 된 상태를 가리킨다. 그렇게 되려면 자유롭게 사용할 수 있는 돈이 있어야 하고, 따라서 부자가 되는 비결을 배워야 한다.

부자가 되려는 마음은 결코 나쁜 것이 아니다. 부자가 되려는 마음은 더 풍요롭고 온전한 삶을 누리고 싶다는 소망을 뜻하는데, 이러한 소망은 훌륭한 것이다. 오히려 풍요롭게 살기를 원하지 않는 사람이야말로 비정상이며, 원하는 것을 모두 얻을 수 있도록 부유해지기를 바라지 않는 사람이 또한 비정상이다.

■ 사람이 살아가는 목적 세 가지

사람은 몸과 마음, 그리고 정신의 만족을 위해서 산다. 세 가지 중 어느 한 가지도 다른 두 가지보다 더 우월하지 않다. 모두 똑같이 중요하며, 그 중 한 가지라도 만족하지 못하면 다른 두 가지도 만족하지 못한다.

마음만을 위해서 살면서 몸과 정신을 거부하는 일은 바람직하지 못하며, 정신만을 위해 살면서 몸과 마음을 부정했을 때 생기는 혐오감의 결과에 대해서 잘 안다.

아들아!

부자가 되기를 바라는 너의 마음은 지극히 당연한 욕망이다. 정상적인 사람이라면 그럴 수밖에 없다. 따라서 너는 부자가 되는 방법에 관심을 가지고 부자가 되려고 노력해야 한다. 네가 부자가 되길 원하지 않는다면 너 자신과 인류에 대한 의무를 태만히 하는 것이나 다름없다.

3. 부자가 되는 길이 열려 있다

WHY

아들아!

네가 대학에 합격한 후 입학 날까지 얼마 남지 않은 시간을 허송세월할 수 없어서 편의점에서 아르바이트를 해서 번 돈으로 얼마 되지 않지만 아빠 엄마에게 용돈을 준 일을 기억하니? 나는 그날 네가 "얼마 안 되지만 용돈으로 쓰세요."하고 빳빳한 5만원권 한 장을 내밀었을 때 나는 그 돈을 받으면서 무엇보다도 흐뭇했다. 네가 용돈을 주어서가 아니라 자신이 노력한 대가로 얻은 돈의 소중함을 깨닫게 된 네 정신이 고마웠던 것이다.

■ 믿음, 소망, 사랑 플러스 돈

나는 얼마 전 뉴욕 맨하튼에 있는 한 대형 교회의 예배에 참석한 일이 있다. 그 목사님의 설교가 참 인상적이고 오늘날 현실에 딱 맞는 이야기라 네게 전하고자 한다.

그 목사는 그날 설교 주제로 이 '시대를 살아가는 데 필요한 4가지' 라는 제목에서 교인은 물론이고 대부분의 지식인들이 알고 있는, 성경에 나오는 유명한 구절 믿음, 소망, 사랑 이 세 가지는 반드시 있어야 한다는 말에 돈을 더 보태면서 오늘날 이 세상을 기독교인으로 바로 살기 위해서는 믿음, 소망, 사랑 플러스 '돈' 이라고 역설하였다.

나는 그날 설교를 들으면서 목사님이 참으로 현실에 딱 맞는 말씀을 하셨다고 생각했다. 그렇다! 아무리 믿음, 소망, 사랑이 있어도 돈이 없으면 인간으로서 대접받지 못하는 것이 오늘의 현실이다.

이 목사보다 한 발 더 나아가서 믿음, 소망, 사랑에서 사랑을 빼고 대신 '돈' 을 넣으라는 사람도 있다. 〈엽란의 비상〉의 소설을 쓴 작가 조지 오웰이다. 그는 이 소설에서 주인공 고돈 콤스톡이 성경의 고린도전서에 나오는 사랑에 대한 구절에서 사랑 대신 '돈' 으로 바꾸어 놓았다.

"내가 사람의 여러 언어를 말하고 천사의 말을 할지라도 돈이 없으면 꽹과리와 다를 것이 없으며, 내가 하나님의 말씀을 전할 수 있을지라도, 온갖 신비를 꿰뚫어보는 지식이 있을지라도, 돈이 없으면 나는 아

무엇도 아닙니다. … 그러므로 믿음과 소망, 돈 이 세 가지는 언제까지나 남아 있을 것입니다. 이중에서 가장 위대한 것은 돈입니다."

작가 오웰은 당시 런던의 비참한 현실에서 무엇보다도 돈의 가치를 역설하고자 이 소설을 쓴 것이다. 이 소설의 주인공 고든 콤스톡은 돈과 물질주의를 배격하고 정신적인 가치를 존중하면서 살기로 결심한 후부터 이루 말할 수 없는 비참한 생활을 하게 된다. 그는 가난으로 인해서 겪게 되는 모욕적인 삶과 우울한 생활을 하면서 가난은 결코 축복이 아님을 절실히 깨닫게 되고 당시 자신이 비난하던 부르주아의 가치관으로 회귀한다.

이제 사회생활에 첫발을 내디딘 너는 한가하게 소설을 읽어볼 여유가 없겠으나 시간을 내어 꼭 읽어보기 바란다. 그러면 돈의 귀중함을 더욱 느끼게 될 것이다.

■ 세상의 모든 기준은 돈이다.

돈이 행복의 조건은 아니라고 말하는 사람들이 있다. 돈이 인생의 전부는 아니라고 주장하는 사람도 있다. 돈은 사람이 살아가는 데에 도구에 불과하지 그 이상도 그 이하도 아니라고 말하는 사람도 있다. 그리하여 철학자나 사상가들은 돈보다 얼마든지 중요한 것이 있다고 주장한다. 그 대표적인 사람 중의 하나인 아리스토텔레스의 말을 인용해 보자.

"부(富)는 분명히 우리가 추구하는 선은 아니다. 왜냐하면 부가 인류에게 이바지하는 유일한 목적은 무엇인가를 얻기 위한 수단을 제공하는 것이기 때문이다. 그런 맥락에서 우리가 이미 언급한 목적, 즉 즐거움, 미덕, 명예는 선으로 생각할 만한 자격을 갖추고 있다. 왜냐하면 그 자체가 목적이기 때문이다."

여기서 아리스토텔레스가 하고자 하는 말은 돈이 인생의 전부이며, 삶의 목적이라고 생각하고 있는 사람들을 가리키는 말이다.

그런데 오늘날 실제 한 국가의 힘을 나타내는 것은 국내총생산(GDP)인데, 이것은 곧 돈으로 계산되고 있다. 예술품의 가치 역시 돈으로 환산하며 측정한다. 현재는 어디에서나 심지어 교회에서도 돈으로 모든 것을 따진다. 돈이 모든 것의 가치를 따지는 기준이 되었다. 이제 돈은 우리 사회의 공통분모가 되었다.

사회생활을 하면서 돈이 없으면 자신의 무력감을 느낀다. 지갑에 돈이 있으면 누구를 만나든지 힘이 있어 보이고, 돈이 없으면 힘이 없어 어깨가 축 처진다. 너도 살면서 많이 느꼈을 것이다. 돈은 자신을 받쳐 주는 최상의 무기이다.

아들아! 행여 돈을 우습게 여기는, 이 시대에 동떨어진 식자들의 말에 귀를 기울이지 말아라. 돈이 없는 인생은 비참할 뿐이다. 그러므로 이유여하를 막론하고 무조건 돈을 벌어야 한다. 그것도 많이 벌수록 좋다. 그리하여 부자가 되어야 한다.

오늘날 기독교인 중에는 그런 교인들이 많지 않지만, 예전에는 돈을 '일만악의 뿌리'로 생각하는 사람들이 있었다. 그런 생각을 하게 된 데는 성경 누가복음에 나오는 "부자가 천국에 들어가기란 낙타가 바늘구멍에 들어가는 것보다 더 어렵다."는 구절에서 비롯되었다고 생각한다.

이 구절에서 부자는 하나님보다 재물을 숭상하는 그런 부자를 가리키는 말이다.

그런데 많은 사람들이 성경의 이 구절에서 '바늘귀'를 오늘날 가정에서 어머님들이 사용하는 바늘구멍으로 착각하고 있단다.

여기서 '바늘귀'에 대해서 정확한 뜻을 알아보자. 너도 영화에서 많이 보았을 줄 알지만, 옛날 중동지역의 많은 도시는 높은 성벽으로 둘러싸여 있었다. 성벽에는 거대한 문이 있었는데, 어두워지면 적들이 침략해 올까 봐 문을 닫고 자물쇠를 채웠다. 그러나 늦게 도착한 여행자들을 위해서 문 옆에 작은 출입구를 만들었는데, 그것이 '바늘귀'로, 낙타가 바늘귀로 가까스로 비집고 들어갈 만큼 좁았다.

이를 예수는 누가복음에서 '부자가 천국에 들어가기란 낙타가 바늘귀를 들어가기보다 더 어렵다고 하였다. 부자도 천국에 들어갈 수 있다. 그러나 자기 욕심으로 짐을 가득 채운 낙타는 들어갈 수 없다. 낙타가 바늘귀에 들어가기 위해서는 짐을 모두 내려놓아야 하듯이, 부자는 자기 사욕을 버려야 천국에 들어갈 수 있다.

돈 그 자체는 악이 아니다. 돈이 있어야 헌금을 많이 낼 수 있고, 헌금을 많이 낼수록 교회에서 대접받으며, 그 돈으로 교회도 짓고, 불우한 이웃을 위해서 사용할 수도 있다.

성경에서는 정정당당하게 열심히 벌어서 선한 일에 사용하는 부자가 되라고 가르친다.

아들아!

돈을 많이 벌되 정정당당하게 벌어야 한다. 그렇지 못하면 패가망신 당한다.

오늘날 신문이나 방송을 통해서 높은 관직에 있는 사람들이나 부자들이 교도소에 수감되는 광경을 많이 목도하게 된다. 그들은 부정한 방법으로 돈을 벌다가 그런 수모를 겪는 것이다. 이런 일은 비단 어제 오늘 일이 아니다.

세계 제2차대전 후 모택동에 본토를 내주고 대만으로 쫓겨간 장주석은 자신의 며느리가 뇌물을 받은 것으로 드러나자 가차없이 사형을 처하여 세상을 놀라게 하였다. 부정으로 돈을 벌다가 생명까지 잃게 된 가장 좋은 본보기라고 할 수 있다.

사회적 윤리나 도덕까지 무시하면서 수단방법을 가리지 않고 돈을 벌다가는 끝내 패가망신은 물론 자신의 귀중한 생명까지도 잃게 된다. 그러므로 설사 기회가 주어지더라도 부정한 방법으로 돈을 벌겠다는 생각은 아예 하지 말아라.

아들아!

돈을 많이 벌어라. 그러나 정정당당하게 벌어라. 그리고 옳은 일에 써라. 그러면 네 자신이 떳떳하고 행복해질 것이다.

못 사는 사람들이 못 사는 이유가 무엇인지 알고 있니? 간단히 말해서 돈을 못 벌기 때문이다. 그러면 왜 돈을 못 버는 것일까? 돈을 벌 수 있는 능력이 없기 때문이다. 돈 벌 수 있는 능력이란 무엇을 말하는 것일까? 그 질문에 대한 답은 내가 간단하게 대답할 수 없구나.

그러나 성공학자나 부자들은 거의가 가난한 사람이 가난하게 사는 주요 원인이 '게으름' 이라는 데에 이견이 없다.

가난한 사람은 자기 일에 최선을 다하지 않는다는 것이다. 간단히 요약하면 몸과 마음이 게으르다는 것이다.

그런데 이 말에 너는 동의하지 않을 지도 모른다. 왜냐하면 주위에 빈둥빈둥 놀면서도 잘 사는 사람이 많은데 새벽부터 밤늦게까지 부지런히 움직여도 못 사는 사람들이 수없이 많으니까 말이다.

그래서 세상은 불공평하다고 불평하는 사람들이 있다. 나도 이 말에 동의한다. 물론 개중에는 열과 성의를 다해도 되는 일이 없는 경우가 많으니까.

그런데 앞에서 가난의 원인을 게으름이라고 말한 것은, 가난한 사람들이 일하는 모습을 자세히 보면 몸은 열심히 움직여도 정신은 게으른 모습이 그대로 나타나기 때문이다.

그 비유로 두 사람의 노동자가 일하는 모습을 예로 들어보자.

하루 일당 10만 원으로 A와 B라는 노동자가 트럭에 모래를 싣는 일을 했다. 하루의 일과를 마쳤을 때 A는 10 트럭에 모래를 실었는데 비해, B는 A에 비해 절반밖에 안 되는 5 트럭에 모래를 실었다. 그 이유는 무엇일까? 간단하다.

A는 정신적으로 부지런했기 때문이다. A는 정신을 모아서 삽을 들고 즐겁게 일을 했다. 오늘날처럼 일거리가 없는 때에 할 일이 생겼다는 마음으로 즐겁게 일을 했다. 그러다 보니 일이 힘든 줄 모르고 자기 몸에 간직한 에너지의 몇 배를 발휘할 수 있었던 것이다.

그와 반대로 B는 손은 움직이면서도 마음은 딴 데 있었다. 삽질을 하는 동안 정신은 집안일을 걱정하고 있었고, 막노동을 하는 자신의 신세를 한탄하기도 했다. 특히 그는 하루 일당이 10만 원으로 제한되어 있는데, 열심히 할 필요가 있느냐는 생각으로 하루를 적당히 보내자는 그릇된 사고방식을 가지고 일을 했던 것이다.

그리하여 B는 자신의 에너지를 절반밖에 발휘하지 않았던 것이다. 한 마디로 말해서 B는 정신적으로 게으름을 피웠던 것이다.

실제로 우리 주위에는 겉으로는 열심히 하는 것 같으나 정신적으로는 게으름을 피우는 사람들이 의외로 많다. 특히 그로 인해 밑바닥 인생을 살아가는 사람들이 수없이 많다. 서울역 부근에서 노숙하는 노숙자들 전부가 그렇다고 할 수는 없으나 대부분이 그런 정신적 게으름으로 인해서 노숙자의 신세가 된 것이라고 생각한다.

정신적인 게으름은 부정적인 사고를 가져오고 행동력이 없다. 이런 사람들은 자기 인생의 주인공이 되지 못하고 매일 들러리 인생만을 살다가 이 세상을 떠날 뿐이다.

아들아!

무턱대고 부지런하다고 해서 돈이 벌어지는 것은 아니다. 정신력이 밑바탕이 되어야 한다. 몸과 마음이 부지런해야 돈을 벌 수 있다.

2

RICH SKILL

부자들의 남다른 사고방식

1. 돈 벌 짓을 하라

THINK

　돈을 싫어하는 사람이 이 세상에 어디 있겠니? 그런데 모두들 돈을 좋아하지만, 좋아하는 그 돈을 어떻게 버느냐가 문제가 아니겠느냐.

　그래서 나는 돈을 많이 번 사람들, 그 중에서도 우리나라 재벌 중에 한 사람의 말을 인용해서 말하고자 한다. 그런데 돈 버는 방법을 말하기에 앞서 재벌들이 하나같이 공통적으로 하는 말은 돈 버는 방법을 안다고 해서 돈을 버는 것은 아니라는 사실을 먼저 말하고자 한다. 이 말 역시 재벌들이 하는 말이다.

　초등학교밖에 졸업하지 못하였으나 우리나라 재벌 중에 몇 분 안 되는, 고인이 된 정주영회장을 너도 알 것이다. 그가 한 말 중에 가장 감명 깊은 말은 "돈 버는 방법을 안다고 해서 돈 버는 것은 아니고, 돈 버는 방법은 스스로 찾아야 한다."라는 말이다. 그분의 주장은 돈은 말이나 생각으로 버는 것이 아니고, '돈 벌 짓'을 해야 한다는 것이다. 즉 돈을 벌려면 돈을 벌 생각과 행동이 일치해야 한다는 것이다.

그러면 돈 버는 짓이란 무슨 말일까?

한 마디로 말해서 자기 일에 몰두하는 것이다. 일을 사랑하고 일 하는 자체를 복으로 여기면 돈은 저절로 들어온다는 뜻이다.

공부를 하는 것도 마찬가지겠지. 하기 싫은 공부를 하면 공부가 제대로 되지 않고 효과도 없다. 그렇게 되면 학점도 제대로 나올 수가 없겠지.

■ 돈에는 눈과 코가 달려 있다.

사람이 살아가려면 어차피 일을 해야 살게 되어 있다. 일을 해야 먹고 살 수 있는 것은 인간의 운명이다. 그런데 일 자체만을 받아들이고 억지로 하게 되면 스트레스를 받게 되고 건강도 해치고 돈도 벌지 못한다.

정주영 회장의 말을 다시 인용한다.

"돈에는 눈과 코가 달려 있다. 그래서 시각과 후각으로 사람을 가릴 줄 안다. 그래서 돈은 자기가 찾아갈 주인에게 찾아간다. 그러나 다른 사람에게 잘못 가게 되면 그 사람에게 재앙을 주고 빠져 나온다."

어쩌면 네 나이에 이해가 잘 안 될 것이다. 그러면 정주영 회장이 덧붙여서 한 말을 다시 인용한다.

예를 들어 1만 원 어치의 일을 했는데, 욕심을 부려서 부정한 방법으로 2만 원을 벌었다면 부당하게 번 돈 1만 원은 새어나가면서 그 사람과 가정에게 문제를 일으킨다는 것이다. 사기나 횡령으로 돈을 번 사람에게는 엄청난 대가를 지불한다는 것이 그 좋은 예일 것이다.

너는 이 이야기를 듣고 반문할지도 모른다. 그러면 이 세상에 나쁜 짓을 하는 사람은 잘 살고, 반대로 착하게 자기 일만 묵묵히 하는 사람은 죽도록 고생만 하고 살고 있으며, 게다가 주위에 빈둥빈둥 놀면서도 호의호식하는 사람들이 많고, 일의 대가를 받아 살기보다는 기회를 포착하여 한 건 하면 풍요롭게 사는 사람들이 있는데, 이런 현상을 어떻게 해석하겠느냐고 반문할 것이다.

네 말에 어쩌면 일리가 있다. 그러나 길게 보면 일시적으로는 수단과 방법을 가리지 않고 부정으로 돈 버는 사람이 잘 살고, 한탕 한 사람들이 풍요를 누리는 것 같으나 인생 전체를 놓고 볼 때는 절대로 그렇지 않다. 일시적으로 성공한 듯한 사람이 얼마 못 가서 그 고통을 받고 괴로움을 겪게 된다.

정회장의 말은 '일 복을 돈 복으로 생각하는 사람이 진정으로 돈 벌 수 있다.' 라는 뜻으로 결론지을 수 있다.

　미국의 유명한 심리학자 머피 박사는 "돈을 벌려면 마음속에 돈에 대한 나쁜 생각을 버려야 한다."고 경고했다. '돈은 나쁘다, 돈은 더럽다.' 라는 생각을 버리라는 것이다. 앞에서도 말했지만 기독교인 가운데 돈을 사랑하는 것이 악의 근원이라는 구절을 잘못 해석하는 사람들이 있다. 그리하여 돈을 좋아하는 행위를 악한 짓으로 여긴다. 참으로 어리석은 사람들이다.

　돈은 존귀한 것이다. 돈을 벌기 위하여 우리의 땀과 시간을 투자하였기에 가치 있는 것이며, 돈이 우리 생활 속에서 돌고 있을 때 우리의 생활은 풍요롭다.

　돈을 미워해서는 안 된다는 비근한 비유를 하나 들어본다. 불이 나면 불은 우리의 재산을 불태우고 때로는 생명을 앗아간다. 그렇다고 우리가 불을 미워해서는 안 된다. 불은 우리의 생활에 없어서는 안 될 필요한 것이기 때문이다.

마찬가지로 돈 때문에 여러 가지 문제가 발생했다고 해서 돈을 미워해서는 안 된다. 돈은 우리 생활에 없어서는 안 되는 것이기 때문이다. 그러므로 머피 박사는 돈을 미워하지 말라고 경고한 것이다.

가난한 사람이 가난한 이유가 여러 가지 있겠으나 그 중의 하나가 돈에 대해서 악담을 퍼붓는 것이다. 실제로 우리 주위에는 돈으로 인해서 폐가망신 당한 사람 중에 돈에 대해서 악담을 퍼붓는 사람들이 있다. 그런 사람은 결코 돈을 벌지 못한다고 머피 박사는 경고하였다.

그리고 머피 박사는 돈이 들어오게 하는 방법으로 다음과 같은 말을 하루에도 몇 번씩 되풀이하라고 권한다.

"나는 돈을 좋아한다. 돈을 사랑한다. 돈도 나를 좋아하고 사랑한다. 나는 돈을 벌 수 있다. 나는 번 돈을 좋은 일에 사용할 것이다. 그러면 돈은 신나게 불어서 나에게 돌아올 것이다. 돈은 내 앞에 눈사태처럼 들어온다. 나는 내 수익과 내 마음의 부에 감사한다."

아들아!

부지불식간이라도 돈을 비난하는 말을 하지 말아라. 작은 돈이라도 소중히 여기고 사랑하라. 그러면 돈이 너의 마음을 알고 너를 찾아올 것이다.

아들아!

장차 커서 무슨 일을 하고 싶니? 그리고 무엇이 되고 싶니?

아버지가 알고 싶은 것은 네가 인생에서 어떤 직업을 갖고 어떻게 살고 싶은가 하는 것이다.

네가 좋아하는 일을 하면서 돈을 벌 수 있다면 그 이상 바람이 있겠니? 그런데 혹시나 대학을 졸업하고 평범한 직장인이 되려고 하는 것이 아니냐? 만약 네 꿈이 그 정도라면 하루 속히 그 꿈을 버리기 바란다. 그러나 현실이 그렇지 못하여 대기업에 들어갔을 때는 어떤 부서에서 일하느냐가 중요하다.

오늘날 대부분의 젊은이들이 대기업에 응모하여 합격을 한 후에 희망 부서를 적는 란에 기획부나 홍보실, 또는 총무부를 적는다. 현장에

발로 뛰어다니며 사람을 만나고 물건을 파는 영업부서를 기피한다. 하지만 회사 생활을 하면서 자기를 발견하고 성장시킬 수 있는 부서는 세일즈 부서이다.

생산현장에서 아무리 좋은 제품을 만들었다고 하더라도 팔지 않으면 소용이 없다. 특히 요즘 같이 비슷한 제품이 쏟아져 나오고, 자기 제품 판매에 열을 올리고 있는 시대에는 영업부가 더욱 중요한 부서이다. 팔고 있는 제품이 유형의 제품이든, 무형의 제품이든 상관없이 회사 경영은 판매에 달려 있기 때문이다. 따라서 영업부서는 회사에서 가장 중요한 부서이다.

■ 능력을 발휘할 수 있는 가장 적합한 부서이다.

한 개인으로서 세일즈 부서가 좋은 점은 자신의 능력을 제대로 발휘할 수 있는 가장 적합한 부서이기 때문이다.

오늘날 컴퓨터 시장에서 널리 알려져 있는 미국의 IBM 회사를 창립한 토머스 왓슨은 어려서 매우 가난하게 자랐다. 간신히 초등학교를 졸업하고 주급 6달러를 받고 정육점에서 일하다가 20대가 되어 마차에 재봉틀을 싣고 다니면서 장사를 시작했다. 그 후에도 여러 가지 장사를 했다. 그리고 NCR이라는 전자회사에 들어갔다가 부도 직전의 그 회사를 인수하였다. 그 때 많은 사람들이 그의 결단에 우려를 나타냈지만 그는 자신이 있었다. 누구보다도 물건을 파는 데에는 자신이 있었기 때문이다. 그는 결국 판매에 천부적인 재능을 발휘하여 그 회사를 살렸다. 그는 회고록에서 부자가 되려면 세일즈를 해야 하고, 세일즈를 하려면 의식부터 개혁해야 한다고 강조하였다.

지금부터 40년 전 1970년에는 찰스 시몬즈는 미국의 평범한 소년에 불과했다. 그러나 지금은 거부가 되었다.

그는 불우한 가정에 태어나서 어려서부터 돈을 벌었다. 그는 평범한 소년이었지만, 자신이 팔 수 있는 것은 무엇이든지 파는 영업사원 생활을 일찍부터 시작했다. 그는 어려서부터 세일즈를 하면서 자신만의 독특한 세일즈 기법을 고안하여 수많은 고객을 발굴하여 마침내 미국 최고의 보험사 사장이 되었다.

■ 세일즈를 모르면 성공할 수 없다.

아들아! 세일즈로 시작해서 성공한 기업가들의 성공일화는 수없이 많다. 여기서 네게 다 소개할 수 없지만, 교사생활을 하다가 6개월 만에 접고 세일즈맨으로 시작하여 제약회사 사장이 된 사람이 세일즈 특강에서 한 연설을 하나 소개하기로 한다.

"만약 내가 교사 생활을 계속 하다가 퇴직을 했다면 오늘날 수백 명을 거느린 제약회사 사장이 되지 못했을 겁니다. 세일즈란 단순히 상품을 파는 행위만을 말하는 것은 아닙니다. 강인한 정신 자세와 인내, 끈기, 자신감, 적극적인 사고 등을 포함한 행위입니다. 세일즈맨은 고도의 전문성을 가진 직업입니다. 그리고 1인이 운영하는 자유기업입니다. 따라서 세일즈맨의 월급과 수당은 자신이 결정합니다. 열심히 노력하면 그만큼 수입이 많아질 것이고, 빈둥거리고 놀다 보면 수입은 한 푼도 없을 것입니다. 평범한 월급쟁이를 벗어나 큰 성공을 원하거든 세일즈맨을 하십시오."

아들아!

세일즈를 배워라. 무슨 일을 하든 세일즈를 배우면 절반은 성공한 셈이다. 세일즈 정신은 험한 인생을 극복할 수 있는 길을 열어준다.

아들아!

거듭 말하지만 부자가 되려면 가난을 불러오는 '게으름'을 멀리 해야 한다. 하나님도 게으른 자를 미워하시고 열심히 근면하라고 권유하신다. 여기서 너에게 "열심히 근면하라."는 성경 구절을 모두 소개하지 않겠으나 한 구절만 소개하고자 한다.

"손을 게으르게 놀리는 자는 가난하게 되고, 손이 부지런한 자는 부하게 되느니라."

우리가 열심히 일하는 아름다운 모습을 세상에 보여주어야 한다. 이 것은 우리가 부자가 되려면 반드시 지켜야 하는, 하나님이 우리에게 내린 명령이다.

성경은 우리에게 개미가 일하는 것처럼 일하라고 가르친다. 그리고 매미처럼 태평하게 놀기를 좋아하는 사람들을 비유해서 말했다.

"게으른 자여, 개미에게로 가서 그 하는 것을 보고 지혜를 얻으라. 개미는 두령도 없고, 감독도 없으며, 먹을 것을 여름 동안에 예비하여 추수 때에 양식을 모으니라. 게으른 자여, 네가 어느 때까지 눕겠느냐. 네가 어느 때에 잠이 깨어 일어나겠느냐, '좀더 자자, 좀더 졸자, 손을 모으고 좀더 눕자.' 하면 네 빈궁이 강도같이 오며 궁핍함이 군사같이 이르리라."

어느 날 깨어 보니 가난이 덮친 것과 무장한 강도처럼 가진 것 모두를 빼앗아 가 버린다는 말을 곰곰이 생각해 보면 우리는 인생을 부지런하게 열심히 살지 않을 수 없구나.

성경은 할 수 있음에도 불구하고 적게 일하여 고용주의 것을 빼앗지 말고 할 수 있는 한 최대한으로 일하라고 가르친다.

오늘날 직장인들은 높은 연봉, 이상적인 직장 환경, 더 많은 휴가와 여가를 원한다. 5일제 근무제도가 정착되어서 지난날보다 많은 휴식 기간이 있음에도 불구하고 더 많은 여가를 원하고 있다. 그런데 성경은 할 수 있음에도 적게 일하여 고용주의 것을 빼앗을 것이 아니라 할 수 있는 한 최대한 열심히 일하라고 권유한다. 일할 수 있는 여건을 따지지 말고 어떤 상황에서나 열심히 일을 하라고 요구하고 있다.

■ 게을러서 몸이 허약해졌다.

사람들은 게으르기 때문에 몸이 허약해졌다는 것을 깨닫지 못하고 있다. 실제로 두뇌를 비롯하여 팔, 등 몸의 어떤 부분도 사용하지 않음으로써 무기력하게 되어버린 것이다.

너무 부지런히 일을 해서 몸이 피곤해지거나 나약해질까 걱정할 필요는 없다. 사람이 피곤을 느끼는 것은 과도한 업무 때문이 아니라 일에 대한 불만 때문에 생기는 경우가 더 많다고 한다. 즐겁게 일하면 피곤을 모른다. 사람은 누구나 자신의 능력을 최대한 발휘할 때 강건해진다.

반대로 안일무사주의에 빠지면 나약해질 수밖에 없다. 돈을 벌려면 제일 먼저 게으름부터 물리쳐야 한다.

아들아!

성공한 사람들은 하나같이 게으름을 멀리 하라고 말한다. 게으름은, 자기를 좋아하는 사람들을 모두 실패와 멸망, 그리고 죽음으로 인도하고 있다는 점을 명심해야 한다.

5. 부자가 되기 위해서
반드시 지켜야 할 세 가지
THINK

돈은 주머니에 있으면 누구나 쓰고 싶은 욕망이 생긴다. 그리하여 오늘날 카드를 마구 사용하다가 신용불량자가 되고 마침내 그로 인해서 패가망신당하는 젊은이들을 보면서 참으로 걱정이 앞선다. 물론 너는 평소에도 쥐꼬리만한 용돈을 아껴서 엄마에게 생일날 선물을 사줄 만큼 검소하고 알뜰하게 생활하므로 그렇지 않을 줄 알지만 말이다.

우리 속담에 "외상이면 소도 잡아먹는다."는 말이 있다. 갚는 것은 나중 문제이고, 우선 쓰고 보자는 우리 한국 사람들의 잘못된 사고방식을 가리키는 말이다.

빚은 무서운 공포를 몰고 와서 사람을 절망에 빠지게 한다. 무거운 빚더미 속에 사는 사람들은 언제나 두려움 속에 떨면서 살고 있다. 이들은 주위의 사람들로부터 절대로 존경을 받지 못한다.

이 세상을 살면서 어떻게 빚을 안 지고 살 수 있느냐고 반문하겠지만, 부자들은 이를 악물고, 죽을 각오를 하고 버틴다고 말한다. 돈이 없어 빚을 져서라도 쌀을 사지 않으면 굶게 되었어도 부자들은 굶어죽을 각오를 하고 빚을 지지 않는다.

전설적인 인물로 세계적인 부호 미국의 록펠러는 평소에 세상을 살아가려면 반드시 지켜야 할 세 가지 경구를 귀에 못이 박히도록 들었다고 한다. 그 세 가지는 다음과 같다.

첫째, 남의 돈을 빌리지 말 것.
둘째, 물건을 외상이나 할부로 구입하지 말 것.
셋째, 아무리 친한 사이라도 빚보증은 서지 말 것.

오늘날 할부 구입은 보편화되어서 직장인이든 주부이든 누구나 관행처럼 행하고 있다. 할부 구입은 지금 당장 작은 돈으로 원하는 물건을 손에 넣을 수 있으므로 큰 부담을 느끼지 않아서 좋을지 모른다. 그러나 그런 충동구매가 반복되다 보면 결국 가정에 큰 부담을 안겨 주는 빚이 되고 만다.

물론 갚을 수 있는 능력이나 대책이 있다면 빚을 쓰는 것도 자본주의 사회에서 살아가는 요령이 되기도 한다. 하지만 능력이나 앞으로 갚을 대책이 없으면서 당장 필요하다고 무작정 빌려 쓰다가 보면 결국 파산이라는 절망에 빠지게 된다.

빚을 내서 쓰는 것은 하나의 습관이 된다. 따라서 조그맣게 시작한 빚이 나중에는 걷잡을 수 없이 커져서 인생을 망치게 한다.

아들아!

여기서 네가 알아야 할 것은 부자가 된 사람들의 삶의 철학 제1원칙은 저축이다. 그래서 그들은 조그마한 여유가 있어도 저축을 한다. 심지어 저축부터 하고 나머지를 쓰기도 한다.

저축하고 싶어도 저축할 여유가 없는데 어떻게 저축을 할 수 있느냐고 반문하는 사람도 있겠으나 주어진 여건을 잘 활용하여 가능한 저축을 하는 수밖에 없다. 여건이 이루어지지 않는다고 포기하면 영원히 저축은 하지 못하게 되기 때문이다.

일본의 최고 경영자로 우리나라에서도 잘 알려진 경영의 귀재 마쓰시타 고노스케는 "돈을 벌기 위해서는 자기 힘으로 자기 자본을 만들 줄 알아야 한다."고 말하였다.

눈덩이는 굴리면 굴릴수록 커지게 마련이다. 하지만 최초의 눈덩이는 자기 자신이 만들지 않으면 안 된다. 따라서 눈덩이처럼 돈을 불리려면 우선 파이를 만드는 것부터 시작해야 한다.

그러면 파이는 어떻게 만들 수 있을까? 다시 말하면 종자돈은 어떻게 만들어야 하겠니? 여기서 다시 고노스케의 말을 인용하고자 한다. 그는 종자돈을 만드는 방법은 두 가지밖에 없다고 하였다.

첫째, 낭비하지 말 것.

둘째, 강한 의지로 저축을 할 것.

아들아!

통장을 만들어라. 그리고 1만 원이든 몇만 원이든 저축하는 습관을 길러라. 당장 쓸 돈도 없는데 어떻게 저축하느냐고 핑계를 대지 말아라. 그러면 저축을 위해서 무슨 일이든지 하겠다는 마음이 생길 것이다.

6. 돈을 벌지 못하는
나쁜 습관을 버려라
THINK_____

02

부자들의
남다른 사고방식

돈을 벌지 못하거나 실패한 사람들에게는 공통점이 있는데, 그 중에 하나가 나쁜 습관을 가지고 있다는 것이란다. 그러면 그 나쁜 습관이란 어떻게 고칠 수 있을까? 미국의 유명한 심리학자의 말을 인용해서 설명하고자 한다. 너도 한 번 따라 해보기를 희망한다.

먼저, 집에 아무도 없는 날을 택해서 너 혼자만의 조용한 시간을 가져 보는 것이다. 아니면 여행을 가서 하루 동안 모텔에 머무는 것도 좋은 방법이다. 물론 누구와 동행해서는 안 된다. 반드시 너 혼자라야만 한다.

다음에는 하얀 백지와 볼펜을 앞에 놓고 약 한 시간 동안 명상을 하듯이 앉아 있는다. 그 시간만큼은 잡념이 떠오르지 않도록 마음을 비워라. 그리고는 자신이 생각해서 나쁜 습관이라고 생각되는 것들이 어떤 것들이 있는지 생각나는 대로 모두 백지 위에 적어라.

아버지인 내가 볼 때 너의 나쁜 습관은 아침에 늦게 잠자리에서 일어나는 것, 평소에 웃는 얼굴을 하지 못하고 항상 찡그린 얼굴로 다니는 것 등이다. 이것 외에도 네가 생각해서 나쁜 습관이라고 생각되는 것들이 있을 것이다. 하나도 숨기지 말고 적어라.

이번에는 다시 묵상을 시작해라. 명상을 통해서 위에 적은 습관들이 앞으로 네 인생을 성공으로 향하게 하는 길에 방해가 되는 것들임을 강하게 네 스스로에게 인식시키는 것이다. 이때 명심할 것은 네 정신을 방해하는 어떤 소리도 듣지 말아야 하며, 최대한 정신을 집중시켜야 한다. 그러면 나쁜 습관을 고쳐야 한다는 강력한 욕구가 생길 것이다.

명상을 통해 나쁜 습관을 고치는 비법을 알려 준 심리학자는 덧붙여서 자기의 나쁜 습관을 고치기 위해서는 기록하는 것만으로는 불가능하므로 종이에 적어 놓았던 나쁜 습관을 날마다 짚어 보면서 그것들을 제거하기 위한 끊임없는 노력을 기울여야 한다고 한다. 다시 말해서 자기 반성을 하면서 괴로워할 줄 알아야 나쁜 습관을 고칠 수 있다고 하였다.

그 심리학자는 가난한 사람이 가난해질 수밖에 없는 것은 나쁜 습관에 의한 경우가 대부분이라고 하였다.

가난한 사람이 가난할 수밖에 없는, 나쁜 습성에는 부정적인 생각,

주벽, 도박, 음란, 거짓말, 자만심 등 여러 가지가 포함된다. 이런 나쁜 습관으로 인하여 가난하게 사는데, 이 나쁜 습성을 버리지 않는 한평생 가난을 면치 못할 것이라고 하였다.

그는 또 인간의 행동 99%는 습관에 의해서 생기는 것인데, 중요한 것은 습성이 인간에게 성공과 실패를 좌우하는 결정적 요소로 작용한다는 점이다. 다시 말해 어떤 습관을 가지고 있느냐에 따라서 성공과 실패가 좌우된다는 것이다.

실제로 우리 주변에는 인생을 성공적으로 살아갈 수 있는 능력이 있는데도 불구하고 나쁜 습관으로 인해서 어렵게 살아가는 사람들이 많다. 비근한 예로 돈벌이는 잘 하는데 도박에 빠져 돈을 탕진해 버리거나 사회에서 퇴출되는 사람들을 언론을 통해서 수없이 대하게 된다.

재주가 있는데도 어려움이 닥치면 '나는 안 돼.' 하는 부정적인 사고방식으로 쉽게 포기하는 사람들도 많다.

일용 노동자들 중에 가난한 사람들이 많은 이유는 그들의 음주 습관 때문이라고 생각한다. 힘들게 돈을 벌어서는 기분 좋다고 마시고, 기분 나쁘다고 마시고, 그렇게 매일 술을 마시면 몸과 마음이 풀어지게 마련이다. 나쁜 습관에 대한 진지한 의식이 없기 때문에 가난을 면치 못하고 있는 것이다.

■ 습관을 바꾸면 운명도 바뀐다.

습관은 선천적인 것도 있지만, 주위 환경으로 인해서 생기는 후천적인 것이 대부분이란다. 그리고 인간은 습관으로 살기 마련이다. 그래서 나쁜 습관은 옷에 묻은 먼지를 떼어 버리는 것처럼 간단하게 떨쳐버리기란 쉽지가 않다.

우리 속담에 "세 살 버릇 여든까지 간다."는 말처럼 한 번 몸에 익힌 습관은 마치 진딧물처럼 떨어지지 않으려는 속성이 있다. 그러므로 나쁜 습관을 떼어 내어 버리려면 엄청난 노력과 고통이 따르기 마련이다.

그러면 나쁜 습관을 떼어 내려면 어떻게 해야 할까?

먼저 습관이 만들어지는 근본을 알아야 하는데, 그 근본이 바로 '생각'이다.

인간은 생각대로 움직이기 때문에 나쁜 습관을 떼어 내려면 마음속의 생각부터 고쳐야 한다. 생각이 바뀌면 행동이 바뀐다. 같은 행동을 반복하는 과정에서 습관이 형성되는 것이며, 나아가서 인격도 변화되어 그 사람의 운명까지도 바뀐다.

성공하는 사람들은 나쁜 것, 버릴 것은 과감히 버리고 포기할 것은 빨리 포기한다. 네가 버려야 할 것은 누구보다도 네가 더 잘 알 것이다. 어떤 습관을 선택하느냐 하는 것은 그 습관으로 인해서 생기는 결과도 선택한다는 의미이다.

좋은 습관을 갖기란 쉽지가 않다. 그러나 나쁜 습관은 쉽게 얻어지고 자신도 모르게 자기 것이 되고 만다. 나쁜 습관은 천천히 스며들지만, 습성에 젖은 후에야 그런 습관이 생겼다는 것을 깨닫게 된다.

아들아!

네 자신을 한 번 돌아보아라. 네 안에 버려야 할 것이 무엇이 있는지 깊이 생각해 보아라. 그리고 버려야 할 것은 아무리 심한 고통이 따르더라도 버려야 한다. 그래야만 무엇이나 도전할 수 있고, 무슨 일이나 시작할 수 있다.

성공하여 큰돈을 번 사람들은 각각 특이한 개성을 가지고 있지만, 두 가지 면에서 공통점이 있다.

첫 번째 특징은 중요한 일을 처리하는 데 있어서 광적으로 집착한다는 점이다.

광적으로 집착한다는 것은 말 그대로 정신 나간 상태를 의미하는 것이 아니다. 지금 해야 할 일과 나중에 해야 할 일을 구분한 다음 지금 할 일에 몰두하여 완성시키는 것을 말한다. 자신의 목표에 집중하고 신속하게 마무리해야 하는 일과 중요하지 않고 나중에 처리해도 되는 일을 구별하지 못하거나 아예 구별하려고 하지 않는 사람들이 의외로 많다. 이런 사람들은 조금 기다려도 되는 전화를 받으려고 중요한 일을 미루거나 별로 중요하지 않은 서류 뭉치 때문에 야단법석을 떤다.

또 그런 사람에게 지금 무엇을 하고 있느냐고 물으면 일을 하기 위해 책상을 치운다고 대답한다.

하지만 성공하여 큰돈을 번 사람들은 자신이 해야 할 일을 먼저 마쳐 놓고 시간이 허락할 때 책상을 정돈한다.

또 대개의 경우 중요한 일을 마치고 나면 중요하지 않은 일에 쓸 시간이 별로 남지 않기 때문에 중요하지 않은 서류들은 그냥 쓰레기통에 버리고 만다. 성공하여 큰돈을 번 사람들이 쓰레기통에 버린 서류 뭉치를 붙들고 분투하는 사람들이 이 세상엔 수없이 많단다.

두 번째 특징은 집념이다.

집념은 첫 번째 특징 못지않게 중요하다. 성공한 부자들은 자신이 어떤 것을 목표로 삼아야 하고, 얼마만큼 재빠르게 행동을 해야 하는지 잘 알고 있을 뿐만 아니라 그 목표를 위해 어떤 상황도 견디어 낸다.

그들은 실패를 인정하지 않는다. 그저 견디어 내고 성공할 때까지 버티는 것이다. 집념에 대해서는 다음 장에서 좀더 상세히 설명하기로 하자.

아들아!

너는 내가 못 이룬 꿈을 이루어 성공한 부자가 되어라. 그러기 위해서는 성공한 부자들의 특징을 배워야 한다. 물론 그들이 하던 대로 그대로 따라가라는 이야기는 아니다. 그들을 롤 모델로 삼고 배워야 한다는 뜻이다. 그들처럼 중요한 일에는 광적으로 집착하고 집념을 가지고 목표를 향해 달려가기를 바란다.

8. 집념만 강해도 부자가 될 수 있다

THINK_____

사람들은 모두 타고난 재주가 다르단다. 예를 들어서 어떤 사람은 선천적으로 피아노를 잘 쳐서 레슨을 받을 필요가 없다. 그리고 대부분의 사람들은 어느 정도의 레슨을 받으면 피아노를 잘 치게 된다. 그러나 음감이 없고 손재주가 없어서 아무리 잘 치려고 노력해도 결코 청중들을 열광시킬 수 있는 연주를 할 수 없는 사람이 있단다.

돈 버는 일도 마찬가지다. 어떤 사람들은 돈 버는 재주를 타고났다. 또 어떤 사람들은 돈 벌기 위해 여러 가지 노력을 한다. 하지만 아무리 열심히 노력한다고 해도 결코 돈을 벌지 못하는 사람도 있다. "모두가 행복하게 오래오래 살았습니다."라는 이야기는 동화에서만 가능한 이야기란다.

돈을 버는 재주와 기술은 간단하지 않다. 그러나 집념만 있어도 어느 정도의 부자가 될 수 있단다.

그러면 집념이란 도대체 무엇을 말하는 것일까?

내가 겪은 이야기를 하나 하겠다. 고등학교를 졸업하고 집안이 가난하여 대학에 바로 들어갈 수 없어서 여름 동안 공사판에서 인부로 일한 일이 있었다. 어느 날 감독관이 나에게 큰 망치를 주면서 콘크리트판 하나를 부수라고 하더라. 그래서 한 십 분 동안 그 콘크리트판을 부셔보려고 했다. 그런데 콘크리트판이 조금씩 떨어져 나오기는 했지만 판이 깨어지지는 않았다. 나는 판이 조금도 깨어질 기미가 보이지 않는다며 감독관에게 불평을 했단다. 그러자 감독관은 나의 망치를 잡고는 한 마디의 말도 하지 않고 콘크리트판에 망치질을 하기 시작했다. 이 아빠보다 등치도 작고 나이도 많아 보이는 감독관이 아무 말도 없이 계속 10번 정도 내리치자 마침내 콘크리트판이 두 조각으로 갈라지더구나. 그래서 내가 그 감독관에게 그 비결을 묻자 그 감독관은 "두 조각을 낸 것은 자네일세, 단지 자네가 망치질을 하는 동안에는 부서지지 않았을 뿐이었네. 무엇인가를 부수려 한다면 그것이 부서질 때까지 내리치는 것이 가장 좋은 방법이다."라고 말하더구나. 나는 지금도 그 말을 잊지 못하고 있단다. 그 다음부터 나는 무엇을 부술 때는 그것이 부서질 때까지 계속 했단다.

사업도 마찬가지다. 사업을 다 이루어 놓고는 단지 부서질 때까지 기다리지 못하고 포기하고 마는 사람들이 수없이 많다.

그리고 그 날 감독관은 내게 참으로 의미심장한 말을 하였다. 즉 "부수려고 하는 것이 깨어지지 않을 것 같으면 네 번째부터는 망치질을 하지 말게." 그 다음부터 나는 판을 보기만 해도 내가 부술 수 있는 판인지 아닌지를 구분할 수 있었단다. 내리칠 때의 느낌으로 말이다. 나에게는 참으로 중요한 교훈이었고, 평생 동안 그 교훈을 지키려고 노력하였단다.

■ 집념과 시간 관리

일의 우선순위를 정한다면 당장 마주치는 콘크리트판을 깨뜨릴 수 있는지 판단하는 것이 가장 급하다. 그리고 그 판을 깨뜨릴 수 있다고 판단되면 성공한 부자들은 그것이 깨어질 때까지 망치질을 계속 멈추지 않을 것이다.

한편 성공한 사람들은 망치질을 계속하는 동안에도 시간을 이용할 수 있는 방법을 모색한다. 보다 효과적으로 내리칠 수 있는 방법을 찾는 것이다. 그래서 평범한 사람들이 같은 시간 내에 해낼 수 있는 것보다 훨씬 많은 일을 해내는 것이란다. 집념과 시간 관리는 결코 모순된 것이 아니란다. 어쨌든 어떤 사업을 시작해서 마침내 성공을 거둘 수 있을 때까지는 시간이 아주 오래 걸리는 경우가 있는 것도 사실이다.

아들아!

이제 집념의 진정한 의미를 깨달았을 줄 믿는다. 집념에 앞서 무엇보다도 판을 깨뜨릴 수 있는지 아닌지를 판단하는 지혜가 필요하다. 왜냐하면 무모한 일에 시간과 노력을 투자해서는 안 되기 때문이다.

3

RICH SKILL

부자들의 돈 버는 남다른 방식

1. 부자가 되는 방식이 있다

METHOD

돈과 재산을 소유하는 것은 부자가 되는 방식으로 일한 결과이다. 의식적이든 무의식적이든 이 방식을 따르면 부자가 되지만, 그렇게 하지 못한 사람은 아무리 노력해도 가난하게 살아갈 수밖에 없다.

먼저 부자가 되는 것은 환경의 문제가 아니다. 환경이 문제라면 특정 지역에 사는 사람들, 예컨대 뉴욕 맨하튼의 사람들은 거의가 부자가 되었을 것이다. 그러나 불행하게도 뉴욕 맨하튼에 살았다고 해서 부자가 되었다는 얘기는 들어보지 못했다.

두 사람이 같은 지역, 즉 시카고 슬럼가에 살고 같은 직종에 종사했는데도 한 사람은 부자가 되었으나 다른 한 사람은 가난을 벗어나지 못했다. 부자가 되는 1차적인 요소는 환경이 아니라는 뜻이다.

또 부자가 되는 것은 재능에 의해서 좌우되는 것도 아니란다. 재능이 뛰어났는데도 가난하게 사는 사람이 많고 재능이 없어도 부자가 되는 사람들이 많다.

　부자가 된 사람들을 연구한 학자들에 의하면 부자들은 모든 면에서 평범하고 재능이 뛰어나거나 능력이 탁월한 것도 아니라고 한다. 분명한 사실은 그들이 부자가 된 것은 재능이나 능력 때문이 아니라 부의 비밀을 깨닫고 부자의 방식으로 행동했기 때문이다.

　부자가 되는 것은 다른 사람이 못하는 일을 해서도 아니다. 직업이 같은 두 사람이 거의 똑같은 일을 하는데도 한 사람은 부자가 되고, 다른 사람은 계속해서 가난하게 산다.

　그럼 너는 부자가 되는 방식은 너무나 어려워서 극소수만 따를 수 있는 것이 아닌가 하는 의문을 가질 것이다. 앞에서 말했지만 부자가 되는 것은 능력과는 아무런 관계가 없다. 재능이 있는 사람도 부자가 되지만 재능이 없는 사람도 부자가 될 수 있단다. 또 총명한 사람도 부자가 되지만, 얼간이도 부자가 될 수 있으며, 건강한 사람도 부자가 되지만 병이 들어도 부자가 될 수 있단다.

　물론 어느 정도의 사고력과 이해력을 필요로 하지만 너의 사고력이나 이해력 정도면 충분히 부자가 될 수 있다.

　자본이 없어서 부자가 되지 못하는 것은 아니다. 물론 자본이 있으면 부를 좀더 쉽고 빠르게 얻을 수 있지만 자본이 많은 사람들은 이미 부자이며, 부자가 되는 방식을 터득하고 있으므로 어떻게 하면 부자가 될 수 있는지를 생각할 필요가 없다.

아들아!

네가 지금 가난할지라도 부자의 행동방식으로 행동한다면 부자가 되기 시작하고 자본이 모이기 시작할 것이다. 성공한 부자가 되려면, 지금 하는 일에서, 지금 있는 곳에서 성공을 부르는 방식으로 행동을 시작해야 한다.

아들아!

시간은 지금뿐이고, 앞으로도 그럴 것이다. 원하는 것을 가질 수 있게 준비하려면 지금 즉시 시작해야 한다. 또한 지금 가능한 행동은 무엇이 됐든 현재의 네 사업이나 직업에 관한 일일 것이고, 현재 주변에 있는 사물이나 사람과 연관될 것이다.

너는 지금 있지 않은 곳에서 행동할 수 없고, 과거에 있었던 곳에서 행동할 수 없으며, 앞으로 있을 곳에서 행동할 수는 없다. 오직 지금 있는 그 곳에서 행동할 수 있을 뿐이다.

어제 일이 잘 되었는지 아닌지를 걱정하지 말고 오늘 일을 잘 해라.

내일 할 일을 오늘 하려고 하지 말아라. 내일이 되면 그 일을 잘 할 시간이 충분할 것이다.

환경이 변하기를 기다렸다가 행동하려고 하지 말아라. 행동으로 환경을 바꾸어라.

현재의 환경에서 더 나은 환경으로 옮길 수 있다고 믿더라도 온 힘을 다하여 현재의 환경에서 노력하라. 백일몽이나 공상에 잠기느라고 시간을 낭비하지 말고 비전을 가지고 지금 행동하라.

여러 가지 새로운 것을 찾거나, 기이하고 특이한 행동을 함으로써 부자가 되는 첫 단계를 밟으려고 하지 말아라.

잘못된 일을 하고 있다고 실망하거나 앉아서 한탄하지 말아라. 지금 잘못된 일에 종사하고 있다는 이유로 앞으로도 적합한 일을 찾지 못하게 되거나 아니면 엉뚱한 사업에 뛰어들어 망치게 되라는 법은 없다.

자신에게 맞는 일이나 사업을 하는 네 모습을 간직하고서 그렇게 되려는 결의를 다지고 그렇게 되고 있다고 믿되 현재 있는 일터에서 행동하라. 현재 하는 일보다 더 나은 일을 하려는 수단으로, 현재 있는 환경을 더 나은 환경을 얻으려는 발판으로 활용하라. 믿음과 결의로 자신에게 맞는 사업이 눈앞에 전개될 것이라는 비전을 간직하면 원하던 그 사업이 네게 다가올 것이다. 그리고 부자의 방식으로 행동하면 그 사업을 향해 나아가게 될 것이다.

아들아!

네가 지금 남의 밑에 임금을 받고 일하는 위치에 있는데 일터를 바꿔야 한다고 생각한다면, 네가 원하는 일터에서 일하는 네 모습을 그리되, 현재의 일터에서 믿음과 결의로 행동한다면 그 때 원하는 직장을 구하게 될 것이다.

비전과 믿음은 소망이 너를 향해 다가오게 할 것이며, 행동은 현재의 환경에서 작용하여 네가 소망을 향해 다가가게 할 것이다.

아들아!

네가 현재 직업에서 다른 사람을 만나게 될 때 중요한 것은 네가 계속 성장하고 있다는 느낌을 전달하는 것이다. 사람들은 모두 성장을 원하고 추구하고 있다. 성장하려는 욕구는 모든 자연에 깃들여 있는 우주의 근본적인 성향이다. 모든 행동은 성장하려는 욕구를 바탕에 깔고 있다. 사람은 더 아름다워지고, 더 즐거워지고, 즐거운 일이 더 많아지고, 더 성장하기를 바란다.

생명체는 무엇이든지 끊임없이 성장해야 한다. 성장이 멈추면 그 즉시 해체와 죽음이 시작되기 때문이다. 사람들은 이 사실을 알기 때문에 끊임없이 뭔가를 추구한다.

더 부자가 되겠다는 생각은 비난받을 일이 아니다. 단지 더욱 풍부한 삶을 추구하려는 마음이고 열망일 뿐이다. 이러한 욕구는 본능적이기에 사람은 누구나 더 나은 수단을 제공할 수 있는 사람에게 끌린다.

아들아!

너는 어떤 일을 하든지 네가 성장하고 있다는 생각을 전달하여 모든 사람이 너를 보고 성장하고 있는 사람이라고 느끼고 너와 만나는 사람 자신도 성장하고 있다는 생각이 들게 하라.

이런 인상을 주려면 스스로 성장하고 있다고 굳게 믿어서 그 믿음이 너의 모든 행동에 영감을 주고 모든 행동에 스며들게 하면 된다.

네가 어떤 일을 하든지 자신이 성장하는 사람이고 다른 사람도 성장하게 해 준다는 점을 굳게 믿어라. 자신이 성공하고 있으며 다른 사람도 그렇게 되도록 그들에게 혜택을 주고 있다고 느껴라.

그러나 너의 성공을 자랑하거나 떠벌리지 말고, 불필요하게 이야기도 하지 말아라. 진정한 신념은 결코 자랑하는 것이 아니다. 떠벌리는 사람을 볼 때마다 그 사람은 남몰래 의심하고 두려워한다는 것을 알게 될 것이다. 너는 그저 너 자신의 신념을 느끼고 그것을 만나는 사람들 모두에게 느끼게 해라. 모든 행동과 말투에서 자신이 부자가 되고 있으며, 이미 부자가 되었다는 사실이 조용히 드러나게 하라. 이런 느낌을 전달하는 데에는 말이 필요치 않다. 사람들은 너와 함께 있으면 성장하고 있다는 느낌을 받을 것이고, 자기도 느끼지 못하는 사이에 네게 이끌리게 될 것이다.

아들아!

사람들이 너와 어울리면 자신도 성장할 것이라고 느끼게 해야 한다. 이렇게 되면 네가 하는 사업은 더 빠르게 성장할 것이고, 너도 예상치 못한 수익에 놀랄 것이다.

　돈이란 무엇이라고 생각하니? 돈은 가치를 담보로 하고 있는 것이다. 그러면 가치를 창조한다는 뜻은 무슨 의미일까?

　말하자면 사람들이 필요로 하는 상품이나 서비스를 제공하는 것, 즉 무엇인가를 하는 것이 가치를 창조하는 것이란다.

　가치는 사람들이 무엇인가를 필요로 할 때 생긴다. 이 부분을 잘 이해해야 한다. 가치에 대해서 좀더 설명하기 전에 너는 돈을 얼마나 벌 수 있을 것 같니? 아직 그 정도까지 생각을 해 보지 않았겠지. 네가 알아야 할 것은 돈은 무한히 많다는 사실이다. 그리고 너는 언제나 돈을 더 많이 벌 수 있고, 그래서 더 많이 쓸 수 있고, 투자할 수도 있다. 또한 네가 번 돈으로 다른 사람들이 더 많이 쓰게 하거나 더 많이 투자할 수도 있다.

돈은 '사람을 사랑하는 것'과 같다는 것을 이해해야 한다. 사람은 더 많은 사랑을 할 수 있다. 아이가 하나인 어머니는 사랑을 그 아이에게 만 주고 모든 것을 건다. 그런데 둘째 아이가 태어나면 그 아이에게도 똑같은 사랑을 준다. 아이가 둘이라고 해서 사랑이 절반으로 줄어드는 것이 아니라 오히려 백퍼센트 증가한다. 그리고 사랑이 좋은 이유는 가 정에 사랑이 많을수록 사랑이 넘친다는 사실이다. 사랑이 많을수록 사 랑이 적은 집단보다 훨씬 더 많은 사랑을 더 빠르게 창조한다. 사랑에 있어서 또 하나의 특징은 더 많은 사랑을 얻기 위해 남의 사랑을 훔칠 필요가 없다는 점이다.

그렇다. 여기서 한 가지 교훈을 정리해 보면 돈과 사랑은 같다는 것 이다. 네가 돈을 벌었다고 해서 다른 사람의 돈을 빼앗는 것은 아니다. 다른 사람의 돈이 한순간 줄어들 수 있겠지만 궁극적으로 너는 그들을 위해 가치를 만들어내는 것이다. 돈을 번다는 것은 사람에게 유용한 것 을 제공하고 그 대가를 받는 것이다. 네가 돈을 벌면 사람들이 스스로 를 지탱하고, 가치를 창조하며 다시 돈을 벌 수 있도록 하니까 결국 돈 을 번다는 것은 다른 사람들로 하여금 그들의 돈을 적절히 잘 사용하도 록 만들고 가치를 쌓게 하는 것이다.

아들아! 꼭 기억하기 바란다. 돈은 사랑처럼 창조할 수 있고, 돈은 사랑처럼 무한하며, 돈은 사랑처럼 이미 있는 곳에서 더 쉽게 생긴다는 것을.

다시 말하면 네가 큰돈을 벌기 위해 다른 사람의 돈을 **빼앗아** 가난하게 만들 필요가 없다는 것과, 돈을 번다는 것은 다른 사람에게 가치를 창조해준다는 것이다. 나아가 그들이 또 다른 사람들을 위해 가치를 창조하도록 돕는 것이기도 하다.

■ 돈을 번다는 뜻

부(富)에는 한계가 없다. 네가 벌 수 있는 돈의 액수에도 한계가 없다. 바로 그것이 '번다'는 뜻이란다. 돈은 '가져오는 것'이 아니라 '버는 것'이다. 돈에는 일의 가치가 있어서 네가 그 일을 잘하면 잘할수록 네 주위의 사람들도 또한 잘할 수 있기 때문에 가치가 생긴다.

가치를 창조함으로써 부를 축적하는 것은 가장 정직하게 돈을 버는 방법이다. 하지만 돈을 많이 번 사람들 중에는 새롭게 부를 창조하는 것이 아니라 다른 사람을 속여서 재산을 모으는 경우도 있다. 개중에 어떤 사람들은 그 때문에 감옥에 가기도 한다. 이런 사람들은 사기꾼이 아니더라도 부도덕하다는 낙인을 면하기 어렵다.

아들아!

진실한 부의 창조는 다른 사람들을 섬길 때 가능한 것이다. 다른 사람들을 섬기면서 부를 축적하는 일은 참으로 영광스러운 일이다. 너도 부디 그런 영광을 차지하기 바란다.

5. 세상에는 공짜란 없다
METHOD

오늘날 많은 사람들이 로또 복권을 사거나 요행이나 대박을 바라고 있다. 네가 누구나 한 번쯤은 호기심으로 사는 로또 복권을 구입한다고 해서 나무랄 것은 없지만, 문제는 대박을 노린다는 점이다. 복권으로 일확천금을 노리는 사람들의 심리 뒤에는 도박 심리가 자리잡고 있다. 쉽게 주어지는 것을 바라는 마음자세로는 절대로 성공할 수 없다. 세상에는 공짜가 없다는 것을 알아야 한다.

우리 주위에는 광적으로 복권을 사는 사람들을 자주 본다. 또 어떤 사람은 경마장에 나가 마권을 붙잡고 단숨에 큰돈을 벌겠다는 부질없는 희망을 걸기도 한다.

복권과는 성질이 다르지만 나의 친구 중에는 주식에 투자하였다가 거금을 날리는 사람도 있다. 이들은 일순간의 일확천금을 노리는 사람들이다. 그러나 이러한 부류의 사람들이 꿈을 이루는 확률은 몇백만 분의 일에도 못 미친다고 한다. 그러므로 조금이라도 자기 노력의 대가가 아닌 공짜로 무엇을 얻어 보겠다는 생각을 가진 사람들은 99%가 실패하고 만다는 사실을 기억하기 바란다. 그리고 설령 복권에 당첨되었다고 하더라도 거의가 인생 실패로 끝나고 말았다는 것도 상기하기 바란다.

■ 노력하는 자에게는 반드시 대가가 따라온다.

맥도날드 형제는 미국의 동남부 지방에서 영화 제작을 꿈꾸고 헐리웃으로 왔다. 모든 것이 뜻대로 되지 않자 동생은 불평불만만 하였다. 그리고는 좌절하여 아무것도 해보려고 하지 않는 동생을 타일렀다. 그리하여 두 형제는 햄버거 가게를 차렸다.

맥도날드 형제는 그들이 어렸을 때 어머니가 냉장고에 남아 있던 여러 가지 재료를 빵 사이에 넣어 불에 구어 준 음식 맛을 잊지 않고 있었다.

그렇게 맛있는 빵은 미국 어디에서도 팔지 않을 것이라고 생각한 두 형제는 머리를 맞대고 생각한 끝에 햄버거 가게를 낸 것이다. 그런데 예상 밖으로 장사가 잘 되었다. 그리하여 마침내 50이 넘은 레이크록이라는 사람을 만나서 오늘의 맥도날드가 탄

생하게 된 것이다.

　그 때 동생이 형의 말을 듣지 않고 계속 불평불만만 하고 살았다면 아마도 오늘의 맥도날드는 태어나지 못했을 것이다.

　그렇다. 노력한 만큼 대가가 오지 않더라도 절반이라도 보상받을 수 있을 것이다. 인내의 열매를 그분의 이야기를 통해서 네가 깨달았으면 한다.

　아들아!

　자신이 노력하지 않은 대가는 생각도 하지 말아라. 공짜로 무얼 얻으려는 생각을 하게 되면 세상에 대한 불만만 쌓인다. 불만은 자기 발전을 더디게 할 뿐이다.

내가 네게 어떤 일이 적합하다고 말할 수는 없다. 네가 더 잘 알 테니까 말이다. 그러나 적합한 일을 찾는 방법은 말할 수 있다. 이것이 곧 돈을 버는 첫 번째 비밀이며 가장 중요한 비밀이기도 하다. 바로 '재미가 없으면 돈을 벌지 못한다'는 것이다.

이 말에 대해서 너는 이해를 잘 하지 못할 것이다. 나는 지금까지 재미없는 일도 많이 해봤다. 그런데 재미없는 일을 해서 돈을 번 적이 없단다.

돈을 벌려면 그 일에 열중해야 한다. 그리고 어떤 일에 열중하려면 그 일이 즐거운 일이 아니면 안 된다. 다시 말해 무슨 일이든지 자신이 진심으로 흥미를 느끼지 못한다면 자신이나 회사를 위해 큰돈을 벌 수 없는 것이다.

그 예가 수없이 많은데, 맥도날드 창업자 레이 크록은 프랜치 프라이에 대해서라면 하루 종일 말할 수 있었단다. 또 청결에 대해서는 거의 광적이었다고 한다. 그는 맥도날드를 무척 사랑했단다. 만약 그토록 많은 재미를 느끼지 못했다면 그런 사업을 시작해서 큰돈을 벌 수 없었을 것이다.

물론 너는 그가 돈을 많이 벌었기에 즐거웠을 것이라고 반문할지도 모른다. 누구든 많은 돈을 번다면 즐거울 것이다. 하지만 자기 일을 진정으로 즐길 수 있어야 많은 돈을 벌 수 있다는 사실을 아는 사람은 드물다.

네가 처음 선택한 일이 자신에게 즐겁지 않을 수 있다. 그 때는 둘 중 하나를 택해야 한다. 자신에게 즐거운 일을 다시 찾든지 아니면 지금 하고 있는 일을 즐거운 일로 만들어야 한다.

나는 네가 그런 자세로 자신의 일에 접근하리라 믿는다. 또 부자가 된 많은 사람들처럼 어떤 일에서든 너의 장점을 발견하여 풍부하게 발전시키고 또 진정으로 즐길 수 있기를 바란다.

만일 스스로 마음을 열고 하는 일이 매우 멋있다고 생각하면서 적극적으로 장점을 찾는다면 일에 애정을 갖게 되고 흥미를 느끼게 될 것이다.

하지만 돈을 벌기 시작한 다음에 재미를 찾으려고 한다면 그런 기회는 영원히 오지 않을 것이다. 일단 재미가 있어야 한다. 지금 하는 일이 정말 신나지 않으면 큰 돈을 벌 수가 없다. 앞에서 말한 레이크록은 돈을 벌기 훨씬 전부터 레스토랑 사업을 매우 좋아했단다. 그렇다고 해서 매일 웃고 좋아서 박수를 치고 해야 한다는 것은 아니다. 일을 하다 보면 아주 힘들 때가 있다. 그건 잘 해나가는 과정에서 생기는 것이다. 그럴 때 지긋지긋한 고통스러운 난관이 있어도 충분히 극복해 나갈 만큼 재미가 있어야 한다는 뜻이다.

■ 얼마나 목적에 집중하느냐가 관건이다.

일을 할 때 오래 한다고 해서 돈 버는 것은 아니란다. 일을 하는 동안 네가 얼마나 목적에 집중하느냐가 관건이다. 야근을 한다고 해서 돈을 많이 버는 것도 아니다.

일과 놀이는 둘 다 정신적, 육체적 에너지를 필요로 한다는 점에서 다를 바가 없다. 차이가 있다면 마음가짐이다. 예를 들어 연설하는 것이 지겨운 사람이 있는가 하면 즐거운 사람이 있다. 또 재무 회계를 하는 일도 마찬가지다. 어떤 일도 지겨워하는 사람이 있는가 하면, 미치도록 좋아하는 사람도 있다. 즐거운 마음으로 일에 집중하려면 네가 미치도록 좋아하는 일을 찾아서 그것에 재미를 붙여야 한다.

아들아!

네가 하는 일에 재미를 붙이지 못하면 돈을 벌지 못한다. 재미를 느끼면 일이 아니라 놀이가 된단다. 재미가 우선이고 그 다음에 성공이 따라온다는 것을 명심하기 바란다.

나는 앞에서 재미가 성공의 에너지가 된다고 말하였다. 너는 그럼 어떻게 재미를 돈 버는 것으로 전환하느냐가 궁금할 것이다. 한 마디로 말해서 일단 재미가 생기면 돈 버는 데에 집중해야 한다. 다시 말해서 돈 버는 것을 최우선으로 삼지 않으면 돈 벌기는 불가능하다.

여기서 네가 명심해야 할 것은 돈 버는 일이 일하는 재미와 충돌할 경우 돈 버는 일이 앞선다는 점이다. 바로 그것이 취미와 사업의 차이란다. 네가 자신의 일을 즐기고 재미를 느끼는 것도 중요하지만, 그것이 주목적이 되서는 절대로 돈을 벌 수 없다. 다시 말해서 돈 버는 일이 재미를 느끼는 것보다 더 중요하지 않으면 돈을 벌 수 없다.

실제로 돈을 벌어야겠다는 사람은 많지만 돈 벌기를 심각하게 생각하는 사람은 그리 많지 않다. 돈 벌기를 사업의 최우선으로 여기지 않는 것이다. 그런 사람은 일에 많은 시간을 쏟아붓더라도 그리 성공할 수가 없다. 큰돈을 벌려면 돈에 집중해서 초점을 맞추어야 한다.

실제 장사를 하거나 사업을 하는 사람들은 장사가 잘 안 되는 달에는 아주 심각하다. 막상 매출이 올라가면 돈 벌기보다는 재미를 더 즐기는 것 같다.

■ 재미보다 돈 버는 일을 먼저 하면 삶의 균형을 잡지 못한다.

재미보다 돈 버는 일을 중요시하라고 하니까 일을 찾을 때부터 돈 버는 일을 재미보다 먼저 생각하는 것이 어떠냐고 생각할지 모른다. 그러면 돈 버는 일에는 성공할지 몰라도 인생 전체로 봐서는 성공할 수 없단다. 돈을 첫 번째 두고 재미를 두 번째로 둘 때에는 삶의 균형을 잡을 수 없기 때문이다.

너도 알다시피 우리 주위에는 돈을 벌기 위해 수단과 방법을 가리지 않는 사람들이 수없이 많다. 그러나 그들은 돈을 적당히 벌 수 있는지는 몰라도 큰돈을 벌지는 못한다. 큰돈을 벌려면 일하는 재미가 중요하다는 것을 먼저 배워야 한다.

만일 일하는 재미를 첫 번째로 두지 않는다면 절대로 재미가 갖는 잠재력을 깨달을 수 없다. 돈만 아는 사람들은 재미가 성공에 대한 집중력과 결심에 얼마나 강력한 힘을 발휘하고 있는지 또 얼마나 필요한지 깨닫지 못한다. 그러므로 재미를 첫 번째로 해야 한다. 재미는 돈을 벌겠다는 추진력을 현실적인 성공으로 만들어 주는 것이다.

아들아!
먼저 일하는 재미를 느껴라. 그러면 일을 잘할 수 있는 에너지가 솟아난다. 일단 재미를 느끼면서 필요한 에너지를 얻게 되면 다음은 그 에너지를 통제하는 힘이 생긴다.

아들아!

돈을 벌려는 욕구나 추진력은 어디에서 나오는 것이라고 생각하니?

부자들에게 동기를 부여하는 것은 여러 가지가 있다. 어떤 사람에게는 돈이란 운동경기의 점수와 같다. 그들은 이기고 싶어 한다. 우리나라 굴지의 모 그룹 회장은 어려서 아버지로부터 "너는 절대로 성공할 수 없는 놈이다."라는 말을 들은 것이 유일한 동기 부여가 되었다고 한다. 돈을 벌어서 성공하는 것이 아버지의 말씀이 틀렸다는 것을 증명할 수 있는 유일한 방법이라고 생각했던 것이다.

오늘날 대부분의 부자들은 가난한 가정에서 태어나 성장하면서 피눈물 나는 고생을 했기에 자식들에게는 그런 가난을 물려주지 않겠다는 일념으로 돈을 벌었다고 한다.

돈 버는 일은 네가 생각하는 것처럼 간단한 문제가 아니다. 부자들이 돈을 많이 벌게 된 공통적인 비결이 있다고 생각한다. 그 비결이 무엇이라고 생각하니? 이 비결을 네가 안다고 해서 이것을 누구나 똑같이 적용하면 부자가 된다는 뜻은 아니다. 이 비결을 네 나름대로 네 현실에 맞게 적용해야만 큰돈을 벌 수 있다.

이제 그 비결을 알아보자. 앞에서 내가 잠시 언급했지만, 큰돈을 번 부자들은 일을 하면서 재미를 먼저 느꼈다. 그러면 일하는 재미란 구체적으로 무엇을 의미한다고 생각하니? 이제 그 답을 알아보자.

■ 일하는 데에 느끼는 즐거움이란?

일하는 데에 느끼는 즐거움을 요약하면 다음과 같이 설명할 수 있을 것이다.

첫째, 일하면서 느끼는 즐거움이란 고객이 네 제품이나 서비스를 이용할 때 느끼는 즐거움을 의미한다.

둘째, 일하는 데에 즐거움을 느끼기 위해서는 항상 웃을 필요는 없다. 열정을 가지고 일에 몰두할 때, 자신이 가진 모든 에너지를 집중할 때, 그리고 단지 그것이 필요하기 때문만은 아니라는 것을 느낄 때 즐거움을 느낄 수 있다.

셋째, 일하는 재미는 헌신과 집중을 낳고, 헌신과 집중은 일에 몰입할 수 있는 힘이 되며, 그 결과 자신의 분야에서 성공하고 돈을 벌 수 있게 된다.

넷째, 돈 버는 것을 일하는 즐거움보다 중요하게 생각하지 않으면 큰 돈을 벌 수 없다. 다시 말해서 돈 버는 즐거움이 일하는 즐거움보다 더 중요하다.

다섯째, 부자들에게는 돈을 벌 수 있게 만들었던 자극이 있었다.

아들아!

진정한 돈 버는 즐거움이란 판도라의 상자 같은 것이 아니다. 돈 버는 즐거움을 느끼기 위해서 돈 버는 것에만 열중하고 하루 종일 일만 하는 일 벌레가 되어 집에도 들어가지 못하는 사람이 되어서는 안 된다.

아들아!

너는 큰돈을 벌고 싶다는 말을 자주 하였다. 그렇게 말한 데는 물론 아버지가 네게 충분한 용돈이나 우리 가정이 돈에 대해 걱정 없이 살 수 있도록 부자가 되지 못한 탓도 있겠지만 말이다.

네가 진정으로 큰돈을 벌려면 분명한 동기가 있어야 한다. 네가 일이 잘 풀리지 않을 때 돈을 벌려는 동기에서 새로운 추진력을 얻어야 하니까 말이다.

네가 만일 기업주가 된다면 큰돈을 벌어야 하는 동기는 최대한 수익을 올려서 매년 더 많은 수입을 회사원들에게 나눠주고, 주주들에게 자산을 증가시켜주고, 그리고 고객들에게 훌륭한 제품과 서비스를 제공하겠다는 것이 진정한 동기가 되어야 하겠지.

네가 큰돈을 벌려면 우선 진정한 동기가 무엇인지 알아야 한다. 그러면 동기를 어떻게 하면 파악할 수 있을까? 날마다 종이와 연필을 준비하고 하루에 30분씩 앉아서 생각해 보라. 그리고 머리에 떠오르는 모든 이유를 적어 보라. 돈을 벌려는 진정한 동기가 떠오르게 되면 네 스스로 금세 알아차리게 될 것이다. 그리고 동기가 무엇인지 파악하게 되면 그것을 여러 장의 메모지에 적어서 사방에 붙여 놓도록 해라.

내가 생각하기에 네가 큰돈을 벌겠다는 동기는 아마도 네가 어려서 가난하게 자랐으므로 네 자식들에게는 그런 가난을 물려주지 않겠다는 것이 무엇보다도 첫 번째 동기라고 생각한다.

이제 사회생활을 시작하는 네게 아버지로서 부탁 하나를 한다면 일벌레가 되지 말고 능률적인 일꾼이 되라는 것이다.

능률적인 일꾼이란 일을 하다가 잠시 일하는 것을 멈추고 일이 아닌 다른 것에도 집중할 수 있는 사람을 말한다. 능률적인 일꾼은 일벌레보다 다채로운 인생을 살 수 있을 뿐만 아니라 업무의 생산성도 높다.

능률적인 일꾼이 재충전의 시간을 갖는 동안 일벌레들은 과도한 업무로 지쳐버리게 된다. 그러면 네가 어떻게 지쳐버리지 않고 일할 수 있는 방법은 없느냐고 반문할지 모른다. 물론 있다. 그것은 네 의지가 필요하단다. 네 의지가 있다면 재충전을 위한 휴가나 자기개발을 위한 시간을 갖는 등 얼마든지 있다.

10. 목표한 금액만큼만 번다

METHOD

네가 부자가 되겠다는 동기를 파악했다면 이제 목표를 정해야 한다. 목표란 네가 벌고자 하는 금액의 액수를 말한다. 네가 좀더 확실하게 이해하기 위해서 목표를 세우는 구체적인 방법에 대해서 생각해 보자.

목표를 세우는 방법에 대해서 비유를 들어본다. 이미 오래전의 이야기이지만, 미국인은 어떻게 달에 도달했는지 너는 알고 있니? 너는 우주선을 타고 갔다고 말할 것이다. 그렇다. 맞다. 내가 여기서 말하고자 하는 것은 결과가 아니라 출발점이다.

고 케네디 대통령은 구소련이 미국을 제치고 먼저 인공위성을 쏘았을 때 매우 당황했다. 그래서 그는 70년대가 시작하기 전에 인간을 달에 보내고 무사히 귀환시키겠다는 구체적인 목표를 설정하고 공언을 했다. 그리고 그 목표를 마침내 달성했다. 내가 여기서 말하고자 하는 요점은 네가 무엇인가를 해내기로 결심하고 진심으로 노력한다면 어떤 일도 이루어 낼 수 있다는 점이다. 케네디처럼 다른 사람에게 공언하는 것도 좋은 방법이다. 명백하게 목표를 설정하고 나면 90%는 성공하기 마련이다.

너는 이 말을 듣고 이렇게 반문할 것이다. '앞으로 10억 벌겠다고 결심만 하면 되느냐고.' 내가 말하고자 하는 요점은 네가 10억을 벌겠다는 결심을 하지 않으면 10억은 도저히 벌 수 없다는 사실이다. 그리고 어떤 결심을 하는 것 자체가 결심한 바를 이루기 위해 노력하는 것만큼 매우 어려운 일이라는 점이다.

케네디 대통령이 살았던 당시는 달은 말할 것도 없고 우주에 인간을 보낸다는 것 자체가 상상하기 힘든 일이었다. 만약에 캐네디 대통령이 우주선을 달에 보내는 것이 아니라 단순히 지구 궤도를 돌 수 있도록 하겠다는 목표를 설정했다면 상황이 어떻게 변했을까?

달 착륙 계획을 성공적으로 완성할 수 있었던 것은 목표 설정이 결정적인 역할을 한 것이다. 목표로 삼는 것이 달 착륙이든, 10억이든 사정은 마찬가지다.

아들아!

너는 이 말을 듣고서 이런 의문이 들겠지. '목표를 정하는 건 좋은 생각인데, 설정한 목표를 달성하기 위해 실제로 무엇부터 해야 하는가' 라고. 그런 생각이 든다고 걱정할 필요는 없단다. 일단 굳은 결심을 하고 나면 문제 해결이 보다 쉬워지니까 말이다. 따라서 무엇보다 중요한 것은 목표를 정하는 것이다. 네가 원하는 목표를 스스로 정하고 일을 추진하는 것과 다른 사람이 정해 놓은 목표를 어쩔 수 없이 달성하기 위해서 일을 추진하는 것은 분명히 차이가 있다는 것을 알아야 한다.

■ 목표를 정하는 것의 의미

목표를 설정하는 것은 다른 무엇과도 비교할 수 없는 강력한 힘을 가지고 있다. 목표 설정이 의미하는 것은 단순히 그저 소원을 나열하는 것이 아니다. 그것은 굳은 결심을 하고 집중함으로써 그 목표가 네 스스로에게 이미 현실이 되어 있어야 한다는 것이다. 그것이 목표 설정의 힘이다.

일단 네가 큰돈을 벌겠다는 결심이 서면 너의 심리적인 태도가 완전히 바뀌게 된다. 결심을 하기 전까지는 네 스스로의 능력에 대해서 계속해서 의문이 들겠지만, 일단 결심을 하고 나면 일을 추진할 수 있는 폭발적인 의지력을 전면에 표출시켜야 한다. 결국 목표 달성의 여부는 네가 결심을 굳힌 다음 그 결심을 추진할 수 있는 힘이 얼마나 강한가에 달려 있다. 그래서 일단 목표를 정한 다음에는 너의 모든 에너지를 그 목표 달성에 집중해야 한다.

결론적으로 말하면, 네가 목표를 설정한 다음에 명심해야 할 것은, 네가 원하는 것이 무엇인지를 확인하고 나면 모든 것이 분명해진다는 점이다.

■ 목표를 정해야 하는 이유

목표를 먼저 정해야 하는 가장 중요한 이유 중의 하나는 목표를 정하기 전까지는 그 목표를 성공적으로 달성하는 데 필요한 정보를 인지할 수 없다는 점이다.

정보는 언제 어느 곳에서나 존재한다. 하지만 네가 목표를 정하기 전까지는 어떤 정보가 필요한 것인지 알 수 없단다. 우리의 뇌는 중요하지 않거나 즉시 사용하지 않을 정보는 인지하지 않으려는 경향이 있다. 따라서 목표를 정해야 비로소 필요한 정보를 파악할 수 있게 된다.

비근한 예를 들어보자. 네가 얼마 전 자동차를 구입하기로 정한 다음부터 너는 신문이나 잡지에서 온통 자동차 광고에 대한 기사만 읽고 자동차에 대해서 관심을 갖게 되었지. 일단 목표를 정하고 나면 너의 모든 생각이 설정한 목표에 집중하게 되고, 목표를 달성하기 위한 정보가 매우 중요하게 너의 의식을 지배하게 된다.

아들아!

이제 목표 설정의 의미와 그 이유를 알게 되었을 것이다. 목표를 구체적으로 분명하게 정해라. 그리고 그 목표가 달성되도록 네 모든 역량을 집중시켜라. 그리하면 분명히 네 목표가 달성되는 것을 보게 될 것이다.

이제 직장인으로서 사회생활을 시작해야 되는 네가 직장인으로도 성공한 부자가 될 수 있는가에 대해서 매우 궁금할 것이다. 그리고 회사원으로서 큰돈을 벌려면 어떻게 해야 하는지도 궁금할 것이다.

앞에 두 가지 궁금증과 관련되는 것으로, 직장에서 큰돈을 버는 3가지 원칙이 있단다. 그 3가지 원칙은 다음과 같다.

원칙 1. 급여가 낮은 회사에서 일하면서 고액의 급여를 받을 수 없다.

원칙 2. 급여가 낮은 일을 하면서 고액의 급여를 받을 수 없다.

원칙 3. 네가 지금 일하고 있는 회사가 원칙 1과 2에 해당되는 상황에

서 고액의 급여를 받고 싶다면 다른 회사로 옮겨라.

나는 낮은 급여를 지불할 수밖에 없는 중소기업에 다니면서 자신이 받은 급여에 대해서 불만을 토로하는 사람들을 질리도록 많이 보았다.

그만그만한 수준의 급여를 지불하는 회사에 입사했다면 언제나 그 수준의 급여밖에 받을 수 없다는 것이 너무나 분명한 사리인데도 그렇게 불만 불평하는 사람들은 큰돈을 벌지 못하는 것이 모두 회사 때문인 것처럼 떠벌리고 다닌다.

한 가지 예로 교사를 들어보자. 오늘날 강남에서 소위 족집게 학원 강사가 아닌 순수한 교사들은 안정된 직장이지만, 뇌물이나 부정한 돈 외에는 큰돈을 만질 수 없다. 따라서 교직을 선택했다면 경제적으로 부자가 될 수 없다. 그러니까 더 이상 불평을 하거나 학교 시스템을 비난할 필요가 없는 것이 당연한 현실이다. 큰돈을 벌고자 한다면 교직을 떠나 고액의 월급을 지급하는 회사로 옮겨야 한다.

어떤 사람들은 급여가 낮은 일을 하면서 자신은 대단한 일을 하고 있으니까 최고의 인기를 구가하는 스타들처럼 많은 돈을 벌어야 한다고 생각한다. 우리나라의 경우, 같은 운동선수라도 야구나 축구 같은 인기 있는 운동선수가 되지 않고는 고액의 연봉을 받지 못한다.

아들아!

네가 직장인으로서 두둑한 급여를 받고 싶다면 두둑한 급여를 줄 의사가 있는 회사를 찾아야 하고 그 회사에서 가장 급여를 많이 받는 업무가 무엇인지 알아서 그 일에 뛰어들어야 한다.

4

RICH SKILL

부자의 경제 마인드를 가져라

1. 세계 경제의 흐름에 민감하라

MIND

먼저 제빵 사업을 하는 너의 작은아버지 얘기부터 해야겠다. 얼마 전 전화도 없이 집에 오더니 하는 말이 유로존으로 인해서 세계 경제가 어떻게 돌아가겠느냐고 물었다. 나는 너의 삼촌의 뚱딴지 같은 소리에 잠시 동안 말을 못하고 삼촌의 얼굴을 쳐다보았다. 네 삼촌의 얼굴이 너무나 진지하여 나는 허튼 소리를 하는 것이 아니구나 하는 생각에 "제빵 사업을 하면서 빵이나 잘 만들면 되지 무슨 세계 경제를 말하느냐고 물었더니 이렇게 말하더구나.

"형님, 이제는 동네 빵 가게도 세계 경제의 흐름을 놓치면 장사를 못합니다. 사람들이 빵 하나를 사 먹을 때도 얼마나 예민한지 몰라요. 미리미리 장, 단기 대책을 세우고 영업을 해야 합니다."

네 삼촌의 말이 맞다. 큰돈 벌어 성공한 부자가 되겠다고 하면서 세계 경제의 흐름을 외면해서는 절대로 안 된다. 우리나라 경제는 미국을 위시하여 유럽, 일본, 중국 등 세계 경제와 밀접한 관계가 있기 때문이다. 이것은 너도 알다시피 자원이 없는 나라에서 수출로 나라 살림을 꾸려가는 현실에서 세계 경제의 흐름을 무시해서는 안 된다.

나중에 안 사실이지만 네 삼촌은 빵가게를 하면서 번 돈의 일부를 유로화에 투자하고 있었던 것이다. 그렇기 때문에 유럽 경제에 대해서 더욱 민감하게 반응을 했는지도 모른다.

여하튼 조그마한 가게를 운영하면서도 중, 단기 계획을 세워 영업을 하면서 돈을 벌어 장래 아이들 교육을 위해서 유로화에 투자하는 너의 삼촌을 보면서 나는 우리 가정은 물론 나라에 희망이 있다고 생각했다.

이제 우리 국민 모두가 국내 경제는 물론이고 세계 경제에도 눈을 떠가는 것 같다. 전문가가 따로 없다고 생각한다. 경제에 관심을 기울이지 않는 사람이나 모르는 사람이 뒤떨어지고 손해를 보는 세상이 된 것이다.

아들아!

머리를 써서 앞을 내다볼 줄 알아야 하고, 생각을 많이 해서 대비할 줄 알아야 큰돈을 벌어 성공한 부자가 될 수 있다는 것을 명심해야 한다.

MIND

앞장의 '돈 벌어야 하는 이유'에서 일확천금에 대해서 잠시 말한 것을 기억할 것이다.

사람들은 누구나 부자가 되고 싶어한다. 그런데 행동은 그 반대로 하고 있어서 문제이다.

부자가 되기 위해서는 우선 시작이 중요하다. 상투적인 말로 들리겠지만 부자가 되기 위한 첫걸음은 저축이다. 봉급쟁이나 사업을 하거나 마찬가지지만 우리 같은 평범한 사람이 부자가 되기 위해서는 저축부터 시작하지 않으면 안 된다. 앞장에서 말한 씨앗을 만드는 방법은 바로 저축이다. 네가 부자가 되려면 돈을 만지기 시작하면서부터 수입의 60% 이상을 저축해야 한다.

그럼 뭐 먹고 사느냐고 반문할 것이다. 일정 비율로 계속 저축하면서 나머지 돈에 맞춰서 생활계획표를 짜라.

물론 첫 달부터 독한 마음을 먹어야 한다. 첫 월급을 받았으니까 이리 쓰고 저리 쓰고 다음 달부터 저축하겠다는 것은 절대로 불가능한 일이다. 다음 달에는 더 급한 일이 생긴다.

대부분의 사람들은 젊었을 때는 저축을 하기가 어려우니까 팀장이 되면, 과장이 되면, 급여가 올라가면 그때부터 저축을 하겠다고 생각한다. 그런데 직급이 올라가고 급여가 올라갈수록 쓸 일이 더 많아지고 저축할 여력은 그만큼 떨어져서 문제이다. 너는 아직 젊으니까 그걸 모르는 것은 아마도 당연하겠지.

아무리 승진하고 급여가 올라가도 돈은 쓰고 남는 경우는 결단코 없다. 따라서 저축을 하고 남은 돈으로 생활할 수밖에 없다. 그러므로 사회생활을 처음 하는 너는 눈 딱 감고 일정 비율로 저축을 해라. 그렇지 않으면 성공한 부자가 될 수 없다. 그리고 이것이 성공한 부자가 되는 첫 걸음이라는 사실은 만고의 진리이다.

젊었을 때, 사회에 진출했을 때, 초기 몇 년만 고비를 넘겨라. 몇천만 원만 저축을 하면 금방 1억이 되고, 2억이 되어 곧 성공한 부자가 된다.

아들아!

이 세상에 일확천금의 부자는 없다. 부자는 한 걸음, 두 걸음부터 시작된 것이다. 부는 조금씩조금씩 다가오고 쌓여야 의미도 있고, 재미도 있다. 취직해서 돈 벌자면 아직 멀었다고? 부모님으로부터 용돈을 타서 아껴 쓰는 것도 버는 것 못지않게 부자가 되는 첫걸음이다.

오늘날 대부분의 젊은이들은 경제관념이 희박하다. 이것은 어려서 부터 경제에 대한 교육이 없었기 때문이다.

나도 어려서 용돈을 받아 보고 자라지 못했기 때문에 돈이 들어와도 돈을 어떻게 관리해야 할지에 대한 상식이 없었다.

그런데 경제적으로 크게 성공하는 사람이 있는가 하면 반대로 실패 하는 사람이 있다. 그 이유는 무엇일까?

어째서 누구는 상당한 부를 축적하는데 누구는 끼니 걱정을 하면서 살아야 할까? 여러 가지 이유가 있겠지만 문제는 경제적 빈곤층의 상당 수는 경제관념에 대해 교육을 제대로 받지 못했다는 점이다.

단적으로 말해 우리는 경제에 대한 허상을 갖고 있다. 그러나 경제는 살아 움직이는 것이며, 수치로 나타나는 결과에 의해 평가받는 것이다.

경제를 아는 부자들은 지출을 줄일 때 색다르게 접근한다.

경제란 살림을 살피는 것을 말한다. 그러므로 경제를 아는 부자들은 불필요한 지출이 없는 것도 중요하다고 생각한다.

현명한 부자들은 가족의 지출 규모를 데이터로 만들어 가장 큰 지출이 무엇이고, 가장 쓸데없는 지출이 무엇인지 지출의 쓰임새부터 살핀다. 그렇게 객관적이고 합리적인 데이터를 만들어 놓고 보면 자신의 카드 값 결제에 의외로 많은 지출이 되었음을 알게 된다.

이보다 더 적극적인 방법은 보다 풍요로운 내일을 위해서 수입을 더 창출해 내는 것이다. 작은 자본이라도 투자를 한다거나 비싼 이자를 물고 있는 대출을 해약하고 싼 이자를 내는 은행이나 다른 계좌로 옮기는 것이다. 그런데 이런 것들은 하루아침에 되는 것은 아니다. 생활하면서 오랫동안 몸에 익혀 습관적으로 해낼 수 있는 것이다.

아들아!

경제는 만용이 필요 없다. 풍요로운 내일을 위해서는 젊어서부터 철저히 지갑을 지키고 계산기를 두드리며 사소한 장보기에서부터 승리하여 이자를 남길 수 있는 훈련을 해야 한다. 그것만이 또한 장차 부자가 될 수 있는 길이다.

많은 사람들이 성공한 부자들, 특히 기업을 일으켜 성공한 사람들을 선망의 눈으로 바라보면서 어떻게 저런 부자가 되었을까 하는 부러움이 섞인 의문을 갖는다. 지금까지 성공한 부자들에 대해서 얘기해 오고 있지만, 성공한 CEO들은 거의가 숫자에 강했다.

숫자에 강한 사람이 성공을 빨리 한다. 숫자에 자신이 없다면 성공한 부자가 될 생각을 버려야 한다. 불가능해 보이는 것도 숫자로 환산해 보면 모든 것이 가능해진다.

여기서 숫자란 구체적으로 회사의 숫자를 말한다. '회사의 숫자' 라고 하는 것은 기본적으로 대차대조표, 손익계산서, 잉여금계산서, 이익상여금계산서, 원가흐름표 등을 말하는 것으로, 숫자에 강하기 위해서는 재무제표와 결산서를 보고 읽을 줄 아는 능력을 길러야 한다.

또한 원가 계산, 손익분기점, 설비투자와 감가상각비, 재고자산관리, 상품회전율과 이익률, 매출원가, 손익과다금, 고정비와 변동비 등이 모든 것도 바로 회사 숫자의 숫자이므로 친하게 지내야 한다.

회사의 숫자는 살아 움직이는 것이다. 그 숫자를 보면 회사가 보이는 것인데, 숫자를 분석할 줄 모르면 회사의 문제점을 논리적으로 파악할 수 없다. 회사의 숫자를 익힐 때는 경영분석, 재무건전성, 생산성, 효율, 부가가치 등 부분이 아닌 전체를 보는 눈을 아울러 가져야 한다. 그래서 숫자와 커뮤니케이션을 해야 한다.

숫자에 강한 사람은 숫자가 무엇을 의미하는가를 알고, 생각을 논리적으로 하고 여러 가지 측면에서 사고하며, 또 숫자의 이면도 읽을 수 있다. 그리고 숫자에 강한 사람은 가격에 민감하여 어떤 일에도 항상 원가의식을 가지고 생각하고 판단하게 된다.

따라서 지금 이 일을 진행하면 이익이 얼마나 생기느냐가 바로 떠오르고 그러면 우리 회사의 오늘보다는 내일을 위하여 냉정하게 생각하고 판단하게 된다.

아들아!

숫자에 강해야 한다. 그러기 위해서는 시간이 날 때마다 경제신문에서 재무제표 등 숫자에 관한 기사를 유의해서 읽는 습관을 길러야 한다.

숫자에 강한 사람만이 기업을 일으켜 부자가 될 수 있다.

회계는 경영의 언어라고 한다. 따라서 언어가 통하지 않으면 경영이 힘들어지는 것은 당연하다. 네가 어디 가서 무엇을 하든, 적어도 돈을 벌어 부자가 되려면 회계의 기본은 알고 있어야 한다. 그래야 돈의 흐름과 조직 전체의 움직임을 알 수 있단다. 회계를 알면 조직의 움직임을 파악하여 문제점을 찾아내어 대책을 세울 수 있다.

사업을 하다 보면 상품을 구입하고 월급을 지급하는 등 수많은 거래가 발생하는데, 회계란 이러한 거래를 일반적으로 인정된 회계원칙에 따라 투명하게 장부에 기록하여 투자자, 채권자, 정부 등 기업의 이해관계자에게 합리적인 의사결정을 할 수 있도록 정보로 제공하는 일련의 과정을 말한다.

즉 회계정보를 통하여 투자자는 어느 기업에 투자해야 높은 수익을 올릴 수 있는가를 판단할 수 있고, 채권자는 어느 기업에 돈을 빌려줘야 상환을 잘 받을 수 있는지 판단하게 되고, 또한 정부는 합리적인 세금을 결정할 수 있을 뿐만 아니라 제한된 자원의 효율적인 배분도 할 수 있게 된다.

그런데 우리 주위에는 이러한 기본적인 회계정보에 대한 이해나 분석도 없이 주식이나 채권에 투자하여 막대한 손해를 보는 사람들이 수없이 많다. 따라서 회계는 회계담당자 뿐만 아니라 현대 사회를 살아가는 사람들에게 모두 알아야 할 필수적인 지식이다. 게다가 부자가 되려면 알아야 하는 상식이다.

회계의 기초에 관한 책을 읽는 데에는 1주일만 투자하면 충분하다고 본다. 그렇지만 평생 도움이 될 것이다. 또한 최근 기업의 구조조정, 인수 합병 등 여러 가지 변화를 겪고 있는데, 이런 변화에 대응하기 위해서도 재무와 회계능력을 갖추는 것은 기본이라고 할 수 있다.

아들아!

우리나라 고등학생들의 금융지능지수가 너무 낮다고 말들 한다. 직장인은 말할 것 도 없고 고등학생이든 대학생이든, 가정에서든지 금융, 재무, 회계에 관한 교육 한 번 받아보지 않고 사회에 진출하고 있다. 따라서 혼자서라도 공부하여 세상이 돌아가는 것을 제대로 아는 사회인이 되어야 한다. 그래야 부자가 될 수 있다.

5

RICH SKILL

부(富)는 신용에서부터 출발한다

"사업은 간단하다. 그것은 다른 사람의 돈을 사용할 수 있기 때문이다."

희곡작가 알렉산더 뒤마의 말이다.

부자들은 거의가 처음부터 자기 돈으로 사업을 시작한 것이 아니라 다른 사람의 자본을 이용하여 돈을 벌었다. 그런데 여기에는 반드시 전제조건이 있다. 즉 신용과 정직성을 인정받아야 한다.

정직하지 못한 사람은 신용을 얻을 수 없다. 부자들은 대부분 정직과 신용을 큰 자산으로 생각하였다.

앞에서 이야기한 바 있는 보험왕 찰스 시몬즈에 대해서 다시 말해 보자. 그는 어려서부터 돈을 벌면 무조건 저축을 하는 습관이 있었다. 그의 그런 행동을 유심히 지켜본 사람이 있었다. 바로 지점장이었다.

마침내 시몬즈가 사업을 시작하려고 하였으나 자금이 부족하여 고민하던 끝에 은행 문을 두드리자 그를 어려서부터 유심히 바라본 은행 지점장은 흔쾌히 사업 자금을 대출해 주었다. 보증도 없이 말이다. 찰스는 특히 신용을 우선으로 생각하고 그때부터 어떤 일이 있어도 약속한 날짜에 이자와 원금은 반드시 상환하였다. 그렇게 신용을 얻은 덕분에 그가 마침내 미국 굴지의 보험회사를 인계할 때 부족한 돈을 조건없이 빌릴 수 있었던 것이다.

은행을 비롯하여 채권자는 가치가 있고, 믿을 수 있으며, 성실성이 있다고 생각되는 사람에게 대출을 해준다. 그러한 신용을 배반하는 사람은 부정직한 사람이며, 합의한 대로 지불하거나 대출금 전액을 지불할 의사가 없으면서 돈을 빌리거나 상품을 구입한다.

평소에 정직한 사람이라고 주위로부터 인정받고 있을지라도 자신이 대부한 돈을 갚는 일에 소홀히 하거나 자기가 구입한 상품의 값을 지불하지 않을 때는 역시 부정직한 사람이다. 비록 환경으로 인해서 지불 기일에 갚지 못하는 경우에도 마찬가지다.

신용을 중시하는 사람은 결코 예외를 인정하지 않는다. 그런 사람은 부득이한 사정이 생기면 채권자에게 사실을 알릴 용기가 있다. 그리고는 채권자의 양해와 동의를 얻은 후 만족할 만한 타협을 이루어낸다.

상식이 있으며, 정직한 사람은 신용의 특권을 마구 남발하지 않는다.

정직하지만 상식이 부족한 사람은 신용을 이용해 무차별하게 돈을 빌리거나 물품을 구매한다. 그리고 나서 지불할 길이 없는 것을 알게 되면 신용을 지키지 않는다. 아마도 그는 갚을 가망이 없고 자기도 어쩔 수 없다고 느낄지도 모른다. 그는 빌린 돈을 갚지 못해 감옥까지는 가지 않을지 몰라도 자신의 신용을 지키지 못한 불명예를 평생 지니고 다녀야 할 것이다.

아들아!

신용은 현대를 살아가는 사람에게는 자산이며, 어려울 때 극복할 수 있는 힘이 된다. 그러므로 어떤 일이 있어도 신용을 잃지 말아라. 그리고 신용을 남발하여 정신적 황폐를 가져오지 않도록 해라. 부자들은 신용을 명예처럼 소중히 여겼고, 귀중한 가치가 있는 신용을 남발하지도 않았다.

지금까지는 땅 많고 주식이 많은 사람이 부자로 인정받았다. 그러나 이제는 신용부자가 각광을 받고 있다. 신용부자는 정직하고 신용이 있다. 신용사회가 되면서 금융기관에서 신용을 담보로 돈을 빌려주는 일이 흔한 일이 되면서 신용 있는 사람이 부자로 인식되고 있는 것이다. 게다가 몇 년 사이에 신용불량자가 우리사회의 고민거리가 되면서 신용을 지키는 사람이 더욱더 우대를 받게 된 것이다.

신용부자는 평소 소비 습관을 잘 길들였고, 많은 금융기관과 거래를 하면서도 신용이 무형의 자산임을 깨닫고 어떤 경우에도 신용을 잃지 않는다.

금융거래에서 신용이 높으면 각종 금융 혜택은 물론이고 금융거래 외에서도 신뢰를 얻을 수 있다.

이와 반대로 신용이 불량한 사람은 취업에서도 불이익을 받을 뿐만 아니라 결혼을 하는 데에도 지장을 받는다. 신용불량자인 남자친구나 여자친구는 상대로부터 멀리하게 되고 결혼 약속까지 깨는 경우가 허다하다. 이처럼 신용은 경제생활뿐만 아니라 사회생활 전반에 걸쳐서도 큰 영향을 받는다.

오늘날 경기가 안 좋아지면서 소비 부진에 대한 우려의 목소리가 많다. 그런데 이러한 현상은 신용불량에서 오는 원인도 없지 않다고 생각한다. 평소에 합리적인 소비생활과 신용관리를 해왔다면 신용불량자가 되지 않았을 것이다. 따라서 어려서부터 신용의 중요성을 공부할 필요가 있다. 그래서 너에게 신용에 대해서 지금 역설하고 있는 것이다.

신용은 단순히 돈을 아껴 쓰는 것만으로도 되지 않는다. 같은 소비를 해도 신용관리 차원에서 소비를 해야 한다. 신용관리 차원의 소비는 한마디로 깨어 있는 소비를 의미한다. 누구나 원하는 것과 필요한 것이 있는데, 그 중에서 필요한 것을 위주로 돈을 쓰는 것이다. 그런데 돈을 잘 쓰는 것만으로 그쳐서는 안 된다. 어떤 물건을 구입했을 때 피해를 입을 경우 분명하게 대처하는 것도 중요하다. 이런 일련의 과정을 잘 관리해야 신용부자가 될 수 있고, 신용부자가 되면 미래에 부자가 될 수 있다.

신용은 하루아침에 쌓아지는 것이 아니다. 평소 꾸준한 관리 속에서 쌓여진다. 신용은 평소에 합리적인 소비생활을 하면 자연스럽게 쌓아지는 자산이다. 이는 청소년부터 어른에 이르기까지 누구나 할 수 있고, 부자가 되기 위해 필요한 덕목이기도 하다.

아들아!

오늘날 많은 젊은이들이 신용의 중요성을 알면서도 정작 경제생활에서 신용을 소홀히 하는 경향이 있단다. 신용은 일상생활에서 여러 가지 사안들이 복합적으로 작용하여 빚어지는 종합작품이라고 할 수 있다. 부자가 되기 위해서는 무엇보다도 신용의 중요성을 인식하고 합리적인 소비 습관을 지니는 동시에 깨어 있는 소비자로서 신용을 저축하듯 쌓아 가야 할 것이다.

3. 신용부자가 되는 방법

CREDIT

신용부자가 되기 위한 방법은 몇 가지가 있다. 그 중에서 중요한 부분 몇 가지만 말하고자 한다.

첫째, 신용카드는 현금이라는 인식을 해라.

신용카드가 처음 등장했을 때에는 '외상으로도 물건을 살 수 있는 수단'이라는 개념이 강했다. 아직도 이런 생각을 가지고 있는 사람들이 많다. 그러다 보니 '외상은 소도 잡아먹는다.'는 속담처럼 나중에 갚는 것은 이차 문제이고 우선 쓰자는 생각으로 신용카드를 남발하다가 신용불량자가 생기게 된 것이다.

이제부터라도 신용카드는 현금이라는 인식을 해야 한다. 현금 10만 원을 꺼낼 때는 무척 아깝다는 생각을 하면서 신용카드를 사용할 때는 아까운 생각이 들지 않는다. 그러한 잘못된 태도가 카드 사용을 부추기는 것이다.

둘째, 신용사회는 문서로 말한다.

신용관리의 장애 요인 중에 하나는 물건 구입 후에 후속 조치가 미흡하다는 점이다. 비록 충동구매로 인해서 물건을 구입했더라도 자신의 경제 능력을 넘는 고가품이거나 당장 필요치 않은 것일 때에는 재빠른 후속 조치를 해야 한다. 이런 조치를 취하지 않고 능력 밖의 과도한 물건 값을 감당 못해 그만 신용불량에 걸리게 되는 경우가 많다.

자신이 구입한 물건이 자신의 능력 밖의 것이거나 구입한 물건이 하자가 있을 경우 조속한 후속 조치를 취해야 한다. 이럴 경우 '내용증명서' 라는 공적 우편제도를 활용하여 증거력을 확보한 후, 구입한 장소나 방법에 따라 차이가 있으나 7일 또는 2주 내에 신속한 후속 조치를 취하여 피해를 입지 않도록 해야 한다. 이렇게 구두가 아닌 문서로 후속 조치를 취하면 불필요한 물건 구입에 따른 불합리한 소비를 예방할 수 있다.

셋째, 신용은 어려서부터 중요성을 깨닫고 몸에 익혀야 한다.

우리나라 젊은이들이 신용불량자가 되는 가장 큰 원인은 과소비라고 한다. 이것은 어려서부터 신용의 중요성에 대해서 배우지 못하고 신용 개념이 희박하여 성인이 되어 카드가 발급되면 카드 사용을 남발하기 때문이다. 따라서 어릴 때부터 가정과 학교에서 신용교육을 강화해야 한다. 다행히 너는 어릴 때 네 엄마로부터 신용에 대해서 틈틈이 배운 덕분인지 아직까지 그런 걱정은 하지 않아도 되어서 천만다행으로 생각한다.

넷째, 호미로 막을 것을 가래로 막지 말라.

처음에는 작은 빚으로 시작하여 나중에 큰 빚으로 불어나서 나중에는 목숨을 끊거나 파산된 가정이 되는 경우가 많다. 이런 사례는 내가 구체적으로 열거하지 않아도 매스컴을 통해서 자주 등장하는 케이스로 너도 많이 듣고 보았을 것이다.

신용불량자로서 큰 빚을 지는 사람들의 3분의 2가 카드 돌려막기로 신용을 깡그리 잃은 경우다. 이런 경우가 빈번히 일어나면서 이제는 국가에서 규제하여 카드를 여러 개 사용할 수 없도록 되어서 이제 이런 염려는 하지 않아도 되지만, 아직도 카드를 2개 이상 소유한 젊은이들이 많아 그들이 이런 유혹에 빠지지 않을까 걱정이 된다.

일단 작은 금액이라도 매달 꾸준히 갚아 나가는 자세가 중요하다. '잃은 신용은 신용으로만 되찾을 수 있다.'는 말을 명심하기 바란다.

아들아!

신용관리는 무슨 특별한 노하우에 의해서가 아니라 너의 일상소비 생활 속에서 상식에 맞고 이성적으로 판단하며 소비의 전 과정을 조심스레 살피면서 이루어진다는 것을 명심하기 바란다.

신용은 어느 시대나 마찬가지지만 경기가 좋지 않을 때 더욱 빛을 발휘하고 그 시대의 화두가 되기도 한다. 그것은 경제가 어두우면 신용을 지키기가 더 어렵기 때문에 지키는 사람은 그만큼 더욱 돋보이기 때문이다.

그런데 불황이 오랫동안 지속되면서 신용불량자가 폭발적으로 불어나서 사회문제로 발전되고, 여기저기서 신용불량사슬에 얽매어 신음하는 소리가 들려오고 있다. 특히 성인뿐만 아니라 20대 미만인 미성년자도 빚 때문에 고민하는 세상이 되었다. 한 조사에 의하면 빚 때문에 아르바이트를 했다는 고등학생이 10분의 1에 해당된다고 한다.

신용이란 말은 우리 사회에서 어느덧 필수 키워드가 되었다. 신용을 잘 쌓아두면 재산이 되고, 그렇지 못하면 불행이 시작되는 사례를 우리 주변에서 쉽게 볼 수 있다.

그런데 신용을 쌓는 방법이 점차 변하고 있다. 과거에는 직장의 간판이나 토지나 주택과 같은 부동산 소유 여부 등이 신용평가에 중요한 기준이 되었다. 하지만 이런 경직된 신용평가 방식은 서서히 퇴장하고 새로운 신용평가방식이 도입되고 있다. 그것이 바로 '신용지수' 로 표현되는 거래과정 중심의 신용평가이다.

'신용지수' 는 말 그대로 신용거래실적을 중요한 기준으로 하여 개인 신용등급을 매기는 방식이다. 신용평가는 부동산을 많이 가지고 있느냐의 여부보다 한 사람이 은행이나 금융권과의 거래과정에서 신용을 지켰느냐의 여부가 중요한 기준이 된다. 아울러 신용 거래기간이 길면 길수록 신용등급은 올라간다. 그리하여 만약 네가 1등급의 신용을 기록했다면 거래금액과 금리결정에 영향력을 행사할 수 있을 만큼 대접을 받는다. 따라서 너처럼 깔끔한 사회초년생이라 할지라도 신용거래 기간이 짧으면 신용등급은 처지게 마련이다.

네가 이제 사회생활을 시작하면서 너의 신용지수를 관리하는 것은 필수적인 일이 되었다. 각 개인의 신용거래실적이 중요함을 인식하고 과거의 소비방식을 지양하고 은행 잔고 내에서 돈을 쓰는 습관을 길러야 한다. 때때로 너의 신용지수를 인터넷을 통해 확인하고 점검하는 것도 필요하다. 실제 거래에서 쌓인 신뢰지표가 곧 너의 신용을 말해주기 때문이다.

아들아!

신용은 믿음이고 약속이며, 부자가 되기 위해서 반드시 지켜야 할 약속이다. 평소 저축하듯이 쌓아 놓은 신용은 돈으로 환산할 수 없는 귀중한 자산으로 되돌아온단다. 부자가 되기 위해서 반드시 지켜야 할 일은 너의 신용을 저축하는 일이다.

5. 독이 되기도 하고
득이 되기도 하는 신용카드
CREDIT

 앞장(돈을 벌어야 하는 이유)에서 신용카드 사용의 위험성을 잠깐 언급했으나 이 장에서는 좀더 구체적으로 네게 말하고자 한다.

 너도 이미 성인이 되었고, 사회생활을 시작하는 몸이기에 아마도 신용카드 두 장 정도는 가지고 있을 것으로 생각한다. 네가 신용카드를 사용한다고 해서 나무랄 의사는 조금도 없다. 신용카드는 신용사회를 살아가는 사람에게는 필수품이 되었다. 문제는 남용에 있다.

 오늘날 신용불량자가 400만에 육박하고 그 중에는 대학생들이 100만 명 이상이라고 한다.

 갑자기 신용불량자가 많이 생긴 이유가 무엇일까? 그 이유는 물론 장기간의 불황으로 인한 경제적 어려움이 근본적인 이유가 되겠으나 몇 년 사이에 신용카드 사용이 급격히 증가했기 때문이다.

우리는 살아가면서 용돈, 생활비, 물건대금 등 여러 가지로 카드를 사용하고 있다. 주머니에 현찰이 없을 때 사고나 급한 일이 생겼을 때 신용카드만큼 고마운 것은 없다. 오늘날 인심이 각박해지면서 이웃간에 돈 거래가 끊어진 현실에서 카드만큼 반가운 것은 없다.

뿐만 아니라 물건을 살 때 카드를 사용하면 소득공제 등 많은 혜택도 받게 된다. 또 카드사마다 경쟁이 치열해지면서 카드 사용자에게 많은 서비스와 혜택을 제공하고 있다.

너는 벌써 알고 잘 활용하고 있겠지만, 카드를 잘 사용할 때 주어지는 혜택 두 가지만 말해 보고자 한다.

첫째는 소득공제다. 세법상 본인뿐만 아니라 가족이 사용하는 카드 금액도 소득공제 대상이 된다.

둘째는 마일리지가 쌓인다. 마일리지 제도는 신용카드사와 항공사, 정유사, 이동통신사, 백화점 등 수많은 업체에서 도입하고 있다. 무엇보다도 해외여행 시 카드를 잘 활용하면 많은 혜택을 볼 수 있다.

내가 이렇게 네게 카드 사용의 혜택을 말한다고 해서 카드를 많이 사용하라는 것은 아니다. 이왕에 사용할 바에야 혜택이 되는 것은 하나라도 소홀히 하지 말고 똑똑하게 사용하라는 것이다.

그런데 카드는 자기 능력과 분수에 맞게 사용해야 사용자의 신용을 높일 수 있다. 특히 카드 사용에 대해서 네게 강조하는 것은 카드로 현금서비스를 받는 것을 좋아하는 것은 파산의 지름길이라는 점이다.

우리나라 3대 보험사 중의 하나인 교보생명 창립자인 신용호 씨는 카드 사용을 하지 않은 인물로 유명하다. 그는 그 이유에 대해서 이렇게 말했다.

"돈을 한 장 두 장 세어 보면서, 또 뒤집어 보면서 이 돈이 어떤 돈인가를 고민하고, 과연 이 돈을 사용할 가치가 있는 것인가를 다시 한 번 생각해본 다음 사용한다."

아들아!

카드 영수증에 사인을 할 때 아무 생각 없이 무모하게 하지 말고 정말로 꼭 필요해서 사용하는가를 다시 한 번 생각하기 바란다. 신용카드의 이점을 제대로 활용할 수 있고, 신용을 책임질 수 있는 한도 내에서 사용하는 것이 진정한 신용카드의 사용 법칙이다.

은행이나 카드사, 보험사, 저축은행 등에서 돈을 쓰고 기간 내에 빚을 갚지 않으면 그 사람은 신용불량자가 되어 은행연합회의 전산망에 등록된다. 그리고 금융기관은 그 부실채권을 자산 동화 전문 특수목적 회사(SPC)에 넘긴다.

부실 자산은 공개 입찰로 매각되는데, 극히 낮은 가격으로 입찰된다.

SPC는 인수한 부실채권을 직접 회수하는 경우도 있지만, 신용정보 회사라고 하는 채권추심전문 회사에 위임한다. 심지어 깡패를 동원하여 끝까지 돈을 받아내는 경우도 수없이 많다. 돈을 갚지 않고는 아무 일도, 아무 자산도 가질 수 없을 뿐만 아니라 가족들까지 못 살게 구는 등 협박으로 돈을 갚지 못하고는 배겨내지를 못한다.

그리고 돈을 대출해준 금융기관은 그 신용불량자의 기록을 쉽사리

말소하지 않는다. 돈을 떼먹은 사람의 기록을 없애놓고 또 아무렇지도 않게 돈을 대출해줄 은행은 대한민국에서 어디에도 없다. 겉으로는 신용사면과 기록 말소를 한 것 같아도 실제로는 다 관리하고 알고 있다고 보면 된다. 그 기록이 결국 돈인데 없앨 리가 없다.

아들아!

내용이 좀 딱딱하고 부담스러울 수도 있지만, 용어만이라도 익혀 두면 너의 앞으로의 경제생활에 도움이 될 것이다.

영국의 철학자 스펜서는 대학교육의 목적을 자기보존, 자기 가족의 생계 보장, 정치, 사회적 관심사 해결, 자기 내면의 만족을 충족시키는 것이라고 하였다.

또 미국의 교육자 듀이는 교육이란 각 개인이 그들의 삶을 통하여 가장 만족할 수 있는 활동을 할 수 있도록 가르치는 데 그 목적이 있다고 말했다.

아들아!

너는 공부하는 목적이 무엇이라고 생각하니? 나는 한 마디로 말해서 잘 먹고 잘 살기 위해서 공부하는 것이라고 생각한다. 나의 말이 좀 심

하다고 하겠지? 경제가 돌아가는 것을 아는 것이 그런 목적에 꼭 필요

하다고 본다.

6

RICH SKILL

부자들의 생활습관

1. 신문을 읽어라

CUSTOM

06

부자들의
생활습관

지금까지 내 경험으로는 인생을 살아 가면서 내가 알아야 할 정보는 신문에 다 나와 있다고 생각한다. 신문을 잘 활용해야 한다는 뜻이다. 또 뭐든지 모르는 것이 있으면 인터넷을 통해서 알아냈다.

오히려 너 혼자만 아는 정보나 너에게만 주는 특별한 정보라는 것들은 더 위험하다고 생각한다. 모든 가격은 수요와 공급의 법칙에 의해서 결정되는데. 너만 알고 있는 정보로 너만 투자해서 무슨 돈을 벌 수 있겠니?

모든 정보는 보통사람들처럼 TV 뉴스를 본다든지 또는 두 개 이상의 신문을 숙독함으로써 얻을 수 있는데, 문제는 똑같은 신문을 보더라도 그것이 어떻게 돈으로 연결될 수 있는지를 판단하고 활용할 수 있느냐가 능력을 가늠할 수 있는 척도가 된다.

그래서 아는 만큼 돈이 보인다는 말이 있단다. 결국 모든 사람들에게 기회가 균등하게 주어지는데, 부자들은 그 기회를 잘 활용하고, 가난한 사람들은 그 기회를 잡지 못했다고 봐야 한다. 그리고 그 기회는 쏜살같이 지나간다.

금융시장이 고금리면 고금리대로, 저금리면 저금리대로 또 다른 틈새 상품이나 기회가 있다. 문제는 누가 그것을 잡아내어 내 것으로 만들어내느냐 하는 것이다. 결국 올바른 판단과 의사 결정으로 네게 필요한 정보를 취사선택해야 하는데, 그러기 위해서는 지속적으로 신문의 경제 관련 기사를 열심히 읽어 가며 공부해야 한다.

한 연구기관에서 조사한 바에 의하면 우리나라 청소년들이 금융경제에 대해서 배우고 싶은 것은 주식 개념, 투자방법, 국내외 경제상황, 신용불량과 같은 돈 버는 일과 관련된 사항에 많은 관심이 있는 것으로 나타났다. 외국에서는 초등학교 때부터 주식에 대해서 가르치는데 우리나라에서는 기본적인 금융교육조차 시키지 않고 사회에 진출하게 되므로 스스로 공부할 수밖에 없다.

아들아!

돈 버는 정보를 먼 곳에서 찾으려고 하지 말고 신문에서 찾으면 된다. 절대로 늦지 않다. 신문 속에 돈이 있다. 그리고 이제는 평생직장 개념도 빠르게 무너지고 있는 등 앞으로 더 많은 변화를 겪을 것을 대비해서 평소에 경제 관련 기사를 열심히 읽어 두어 금융, 회계, 재무 능력을 향상시키기 바란다.

만약 네가 어떤 거래를 한다고 생각해 보자.

너는 항상 상대에게 받은 금전 가치보다 더 큰 돈을 줄 수는 없지만, 상대에게서 받은 금전 가치보다 더 큰 이용 가치는 줄 수 있다. 예를 들어서 네게 위대한 화가의 작품이 있다고 하자. 그 작품은 문명한 사회에서는 상당한 가치가 있지만, 에스키모 인에게 500만 원 상당의 모피를 받고 그 그림을 준다면 그 주민들은 아무런 쓸모가 없는 그림이므로 너는 그들을 농락한 것이다. 그 사람들에게는 그 그림은 아무런 이용 가치가 없고 따라서 그들의 삶에 아무런 보탬이 되지 않을 것이다.

그러나 네가 모피를 받는 대신 50만 원 짜리 엽총을 주었다고 가정해 보자. 그렇다면 이것은 훌륭한 거래다. 그 사람은 엽총이 필요하다. 엽총이 있으면 더 많은 모피와 식량을 구할 수 있다. 이것은 모든 면에서 그의 삶에 보탬이 된다. 엽총은 그들에게 돈을 벌어다 주고 부를 가져다 줄 수 있기 때문이다.

만일 네가 사업을 하게 되어 사람들을 꺾어야만 하는 일에 종사한다면 당장 그만두어라. 네가 금전 가치로 받은 것보다 더 큰 이용 가치를 상대에게 돌려주어라. 그러면 거래할 때마다 네게는 물론 세상에도 보탬이 될 것이다.

네게 한두 사람의 직원이 있다면 그들에게 지급하는 임금보다 더 큰 금전 가치를 그들로부터 끌어내야 하지만, 그보다도 '발전' 을 사업원칙으로 삼고 어떤 직원이든 조금씩 발전할 수 있게 해야 한다.

그러면 그 직원은 더 큰 이용 가치를 너와 너의 사업에 돌려줄 것이다.

아들아!

부에 대해서 그동안 잘못된 생각, 가난이 미덕이라는 잘못된 믿음을 철회해야 한다. 스스로 부자가 되기 위해서 최선을 다하는 것이 진실로 다른 사람들을 돕는 것이 되며, 올바르고 칭찬받을 일임을 명심해라.

　부자는 돈을 가진 사람이다. 너는 무엇을 가지고 있니? 내가 생각하기로 네게 확실히 있는 것은 건강, 지식, 품성, 그리고 시간이다. 네가 직장을 다니고 있거나 학교를 다니고 있건 간에 네게 확실하게 주어지는 것은 24시간이다. 불공평한 인생에서 공평하게 주어지는 것은 바로 시간이다. 시간은 남녀노소 구별 없이, 지위 고하를 막론하고 공평하게 주어진다. 어쩌면 유한한 시간을 매일 어떻게 보내느냐 하는 것은 오로지 네게 달려 있다.

　너는 아직 젊기 때문에 시간이 한정되어 있다는 것을 실감하지 못할 것이다. 또 그런 말을 해도 심각하게 받아들이지 않을 것이다. 지금처럼 젊은 날이 계속될 것이고, 시간은 느릿느릿하게 흘러가는 줄로 생각하고 있을 것이다. 나 역시 네 나이에는 그렇게 생각했단다. 그래서 하루 빨리 어른이 되고 싶었지. 그런데 나이가 30이 넘어서고 중년이 되자 삶이 유한하다는 것을 깨닫게 되었고, 시간은 과거와 달리 그렇게 빨리 흐른다는 것을 알게 되었단다.

아들아! 부자는 돈을 가지고 있지만 너는 젊음 즉, 시간을 가지고 있다. 그리고 시간이란 돈이자 생명임을 인식해야 한다. 그렇게 인식할 때 그토록 귀중한 시간을 쓸데없는 일에 허비하지 않게 된다. 그리고 이 귀중한 시간을 잘 사용해 보다 가치 있는 일을 만들어 보겠다는 계획을 세우게 된다.

■ 시간 사용의 원칙

그러면 그토록 빨리 흘러가고 한정된 시간을 어떻게 사용해야 할까? 한정된 시간을 사용할 때 효과적으로 보내기 위해서는 원칙이 있어야 한다. 그 원칙이란 시간을 이용하여 무엇인가 가치 있는 것을 만들어 내야 한다는 것이다.

시간을 이용하여 현재의 보람이나 가치, 기쁨과 즐거움, 성공과 행복을 만들어낼 수 있어야 한다. 또한 경쟁이 심한 세상을 살면서 경쟁에서 이기기 위한 경쟁력과 실력을 만들어내야 한다. 현재의 가치와 미래의 가치 중에서 어느 가치를 더 중히 여기며 시간을 어느 가치에 투자할 것인가는 오로지 네 몫이다.

시간을 아껴 쓰기 위한 첫걸음은 뭐니뭐니해도 자각과 각성이다. '시간을 이렇게 보내서는 안 되는데……' 하는 각성이 있어야 시간을 절약할 수 있다. 이런 각성은 빠를수록 좋다.

사실 머리가 비상하지도 않고 보통 사람들의 머리를 가지고, 평범한 가정에서 자란 너는 내가 물려준 재산도 없는 형편에 제대로 자리를 잡기란 참으로 어렵다.

그러면 어떻게 하는 것이 좋겠니? 시간 활용은 어디까지나 너 개인 문제다. 나도 네가 어떻게 시간을 보내고 있는지 알 수 없다. 어느 누구보다도 네가 가장 잘 아는 문제이기 때문이다. 그러면 네가 백지 한 장을 앞에 놓고 너의 하루 가운데 '시간을 제일 많이 낭비하는 일은 어떤 것일까?'라고 스스로에게 질문한 다음 백지에 적어 보아라.

이 질문은 어렵지도 복잡하지도 않은 문제이다. 시간 낭비는 거의가 반복적이고 구조적이다. 그래서 오늘 시간을 낭비하게 되면 내일도 같은 방법으로 낭비하게 된다.

아들아!

시간 낭비는 일정한 패턴을 가지고 있기 때문에 마음만 먹으면 쉽게 찾아낼 수 있다. 네가 직장을 오고가는 데 얼마나 시간이 걸리는지, 그 시간을 어떻게 보내는지, 그 시간을 값있게 보낼 방법은 없는지 점검해 보라. 퇴근 이후부터 잠자리에 드는 시간까지 습관적으로 의미 없는 시간을, 이를테면 TV 앞에서 그저 시간을 보내고 있지는 않은지 점검해 보라. 그리고 그 시간을 좀더 가치 있게 보낼 수 있는 방법은 없는지 생각해 보라. 그 시간도 귀중한 돈이다.

자투리 시간이라고 우습게 여기지 말아라. 이 시간을 제대로 활용하면 이것이 한두 번 반복되면서 꽤 긴 시간을 만들어낼 수 있다는 것을 알게 될 것이다.

업무 때문에 혹은 인맥을 유지하기 위해서 저녁 모임이 자주 있을 수 있다. 하지만 꼭 필요한 모임이 아닌데도 단지 습관적으로 저녁 모임을 가지고 1차에서 마무리할 수 있는데도 2차, 3차로 이어지는 모임의 주역이 네가 아닌지 생각해 보라.

하루에 2시간을 절약할 수 있다면 일주일에 10시간을 만들어낼 수 있게 된다. 그리고 이 시간을 밀도 있게 보낸다면 하루 반나절 정도를 만들 수 있다. 작은 노력으로 한 달에 40시간을 만들 수 있고. 1년에 60일 정도라는 많은 시간을 손에 쥘 수 있다. 1년에 약 60일이 더 보태진다고 생각하면 정말로 많은 시간을 일할 수 있는 시간이다.

너의 하루 생활을 구석구석 살펴본다면 의외로 물이 새듯이 낭비하고 있음을 깨달을 수 있을 것이다. 사람들은 세세하게 따지는 사람들을 가리켜 '쩨쩨하다'고 말한다. 그러나 시간만큼은 쩨쩨하게 따지는 사람이 되어야 한다. 왜냐하면 시간은 돈이기 때문이다.

■ 주말은 시간 낭비의 보고이다.

시간 낭비를 가장 많이 하는 날은 단연코 주말이다. 주말은 48시간이 되므로 모두 합하면 인생의 3분의 1에 해당되는 시간이다.

주말 활용은 전적으로 네 개인의 습관에 의해서 이루어지므로 어느 누구도 강요하지 않는다. 정말로 너는 주말을 생산적으로 보내도록 노력해야 한다. TV 앞에서 주말을 보내는 일은 절대로 피해야 한다.

주말 시간에는 휴식, 취미, 그리고 미래 준비라는 세 가지 테마가 포함되어야 한다. 그리고 사회생활을 시작한 네게는 휴식 시간을 제외한 시간에서 몇 시간 정도를 어디에 투자할지 분명한 원칙이 있어야 한다. 그리고 그렇게 세운 원칙에 따라 그 시간을 꾸준히 사용해야 한다. 주중의 시간을 돈으로 따지면 자투리 시간은 푼돈이 된다. 푼돈을 아끼지 않고는 부자가 될 수 없다.

이제 주중의 푼돈 아끼기에 주말의 목돈을 곱해 보자. 아마도 엄청난 자산이 될 것이다. 그런데 사람들은 오늘이 다르고 내일이 다르다. 화장실 갈 때가 다르고 나올 때가 다르다. 그만큼 사람의 마음이란 변하기 쉽고, 종잡을 수가 없다. 그래서 내가 생각해낸 시간 절약 방법에 대해서 네게 권해 보고자 한다.

■ 시간 절약의 구체적 방법

우선 작은 카드에 시간 활용에 대한 몇 가지 원칙을 또박또박 적는다. 7~10개 정도 적는다. 가장 중요한 것으로부터 첫째, 둘째, 하는 식으로 적는다. 이처럼 글로 또박또박 정리해 보고 이따금 읽어 보면 변덕스러운 네 마음을 다잡을 수가 있을 것이다. 자주 읽으면 더 좋겠지만 이따금 읽어도 좋다. 그것만으로도 효과를 볼 수 있다.

물론 단기적인 승부에서는 요행이 중요하게 작용할 수 있다. 그러나 이 아버지는 인생이란 생각보다 긴 게임이라고 생각한다. 따라서 평균적으로 자신이 사용하는 시간의 용도에 따라 성과가 결정된다.

시간 활용은 네가 가질 수 있는 습관 가운데 가장 중요한 습관에 해당된다. 처음부터 지나치게 욕심을 부리지 말고 '더 이상 시간을 활용할 수 없다.' 라고 말할 정도로 시간을 활용해 보라. 그리고 이를 방해하는 요소가 있다면 구체적으로 적어보고 이를 고치도록 노력해 보라. 어떤 상황에 처해 있든지 간에 네 인생과 운명을 바꾸는 일은 여기에서부터 시작한다.

아들아!

내일로 미룰 필요는 없다. 그냥 오늘 이 시간부터 시작하면 된다. 진정한 자기 혁명은 대단한 것이 아니라 사소한 것에서부터 시작된다. 너의 젊음과 세월을 아껴라. 시간을 돈처럼 아껴라. 반드시 의미 있고 가치 있는 일에 써라.

5. 하찮은 규칙부터 지켜라

CUSTOM

이 세상의 어느 누구도 귀한 것은 쉽게 얻을 수 없다. 이것은 만고의 진리다. 아무리 조바심이 나더라도 어느 정도의 시간을 투자하여 지속적으로 꾸준히 행할 때 얻어진다. 건강, 승진, 그리고 돈 등 반복적으로 계속해서 노력을 하지 않으면 얻어지지 않는다.

많은 사람들이 시작은 쉽게 하지만 꾸준히 추진해 나가는 데에는 실패한다. 그런데 이런 실패는 실패 자체로 끝나지 않는 데 문제가 있다. 작은 일이라도 몇 번 하다가 그만둬 버리면 심리적인 상처가 남는다. "난 뭘 해도 제대로 되는 것이 없어." 하며 자괴감에 빠진다. 그리고 그런 일들이 반복되면 자신감을 잃어버리게 되고 무엇을 시도하려는 용기마저 잃어버린다.

무엇이든지 꾸준히 해가는 능력은 세월의 흐름과 맥을 같이한다. 너처럼 젊었을 때는 감정의 기복이 심하고 변덕스럽기 때문에 일희일비가 잦다. 그래서 기쁠 때는 무엇이든지 해낼 수 있다는 기분이 들지만 슬플 때나 우울할 때는 무한정 가라앉은 상태가 되어 버린다. 기분이 좋을 때는 크게 문제가 없으나 우울하거나 기분이 가라앉을 때는 슬럼프에 빠지고 이것을 어떻게 헤쳐 나갈지 몰라서 방황한다.

그러면 이런 마음 상태를 어떻게 해야 감정의 동요 없이 꾸준히 지속적으로 유지할 수 있겠니?

나는 규칙적으로 생활하는 것이 그런 변덕스러운 마음을 다잡을 수 있다고 생각한다. 규칙적으로 생활하는 것이나 불규칙적으로 생활하는 것은 일종의 그릇에 해당된다. 그리고 마음이나 감정은 그릇에 담긴 물과 같다. '규칙 있는 생활'의 그릇에는 그것에 걸맞는 마음이 담기고, '불규칙적인 생활'이라는 그릇에는 또한 그것에 걸맞는 마음이 담긴다. 따라서 가능한 규칙적인 생활을 하면 기분의 기복을 줄일 수 있다. 또한 자신도 모르게 몸과 마음이 규칙에 적응하게 된다. 그래서 나중에는 크게 신경 쓰지 않아도 그 시간이 되면 해당 활동을 자동적으로 하게 된다.

그런데 규칙은 지루함으로 연결될 수 있다. 세세한 모든 부분을 규칙적으로 하게 되면 따분해진다. 예를 들어서 네가 아침에 몇시에 일어나서 무엇을 하고 몇시부터 몇시까지는 저것을 하는 등 규칙을 세워 놓고 생활한다고 상상해 보자. 그러면 바로 지루함을 느낄 것이다. 네가 학교 다닐 때 많은 경험을 했을 것이다.

그러면 생활을 규칙적으로 하면서도 지루하지 않을 방법을 찾아야 한다. 이 방법은 얼마든지 있다. 규칙과 흥미, 이 두 가지를 얼마든지 병행할 수 있다.

■ 규칙과 흥미를 병행한다.

우선 지나치게 세세한 부분까지 규칙을 세워서는 안 된다. 너의 하루를 떠받치는 가장 중요한 규칙은 무엇이라고 생각하니? 네 생각은 어떨지 모르나 나는 가장 중요한 규칙은 기상 시간이라고 생각한다. 규칙적으로 기상할 수 있는 사람은 엄청난 힘을 가질 수 있다. 물론 정확하게 몇시 몇분은 아니더라도 한정된 시간에 일어나려고 하는 자세는 무척 도움이 된다. 몇시에 일어나겠다고 스스로에게 약속하고 그 약속을 지키도록 노력해 보아라. 이렇게 규칙적으로 기상을 해보면 얼마나 긍정적인 효과를 주는지 알게 될 것이다.

아들아!

잘 사는 일은 그렇게 복잡하지 않다. 누구든지 할 수 있는 단순한 규칙 몇 가지를 만들고 그것을 꾸준히 반복해서 실행에 옮기면 된다. 단순해 보여도 너의 삶을 정말로 대단한 인생으로 만들어 줄 것이다. 즉 너를 부자로 만들어 줄 것이다.

사람은 현재 있는 위치보다, 현재 하는 일보다 더 커야만 앞으로 나아갈 수 있는데, 지금 있는 위치에서 할 일을 다 하지 못하는 사람은 그 위치보다 크지 않은 사람이다. 세상은 현재 자리를 메우고도 남는 사람들의 행동으로 인해서 앞으로 발전한다.

현재 자리를 제대로 메우는 사람이 전혀 없다면 세상은 후퇴하고 말 것이다. 현재 자리를 메우지 못하는 사람은 사회와 정부, 경제와 산업에 무거운 짐이 되고 만다. 따라서 누군가가 상당한 대가를 치르고 이들을 끌고 가야만 한다.

세상의 발전이 늦어지는 것은 바로 자신의 현재 자리를 메우지 못하는 사람들 때문이다. 이런 사람은 시대에 뒤떨어지고 후퇴하는 성향이 있다. 조직에서 구성원 각자가 자신의 현재 위치보다 작다면 그 조직은 발전할 수 없다. 이 법칙은 우리에게도 동일하게 적용된다. 성공한 부자가 되려면 이 법칙을 네 삶에 적용시켜야 한다.

하루하루가 성공 아니면 실패이고, 성공한 날들이 쌓여야 소망을 이루게 된다. 날마다 실패하면 결코 부자가 될 수 없지만, 날마다 성공하면 반드시 부자가 될 것이다.

오늘 할 수 있는 일이 있는데 하지 않았다면 그 문제에 관해서는 실패한 것이고, 그 결과는 상상보다 끔찍할 것이다.

아들아!

날마다 그 날 할 수 있는 것은 모두 하라. 그러나 반드시 고려해야 할 것이 있다. 되도록 짧은 시간에 되도록 많이 해내려고 과로하거나 일에 맹목적으로 달려들어서는 안 된다.

내일 일을 오늘 하지도 말고, 한 주의 일을 하루에 하려고도 하지 말아라. 중요한 것은 한 일의 숫자가 아니고 각각의 행동이 얼마나 성공적인가 하는 것이다.

행동 하나하나는 그 자체로서 성공 아니면 실패다. 각 행동은 그 자체로서 효율적이거나 비효율적이다. 비효율적인 행동은 모두 실패이고, 평생을 비효율적인 행동에 허비한다면 너의 인생도 실패작일 것이다. 모든 행동이 비효율적이라면 더 많은 일을 할수록 더 나빠질 것이다. 이와 반대로 효율적인 행동은 모두 그 자체로서 성공이고, 평생을 효율적으로 행동한다면 너의 인생은 반드시 성공할 수밖에 없다.

■ 행동할 때마다 온힘을 기울여라

마음과 행동이 제각각 움직이는 사람은 실패하기 쉽다. 이들은 어떤 시간, 어떤 장소에서는 마음의 힘을 사용하지만, 다른 시간 다른 장소에서는 마음과 어긋나는 방식으로 행동한다. 그리하여 각 행동이 성공적이지 못하게 되고, 비효율적인 일이 지나치게 많아진다. 그러나 행동을 할 때마다 온 힘을 기울인다면 그 행동은 아무리 사소한 것이라도 그 자체로서 성공적일 것이다. 그리고 그 성공이 다른 성공으로 가는 문을 열어주는 법이므로 네가 원하는 것에 가까워질수록 원하는 것이 네게 가까이 오는 속도가 점차 빨라지게 된다.

아들아!

성공적인 행동의 결과는 축적된다는 점을 기억하라. 발전하려는 욕망은 모든 생명체에 내재되어 있으므로, 네가 성장하는 방향으로 움직이기 시작하면 더 많은 것이 네게 가게 되고, 따라서 네 소망이 미치는 영향력은 몇 배로 불어나게 된단다. 날마다 그날 할 수 있는 일을 효율적으로 행동하기 바란다.

네 부모인 나의 세대 이전 세대 즉 너의 할아버지 세대에는 너무나 어려운 시대이고 생존이 지상과제라 근검절약을 할 여유조차도 없었단다. 그러나 시대가 흘러 네 부모시대인 우리 시대에 와서는 근검절약이 미덕으로 변하였다. 그런데 다시 네 시대가 되면서 한 때에는 과소비가 사회의 이슈가 되기도 했단다.

현재는 어떠니? 아직도 분수를 모르고 사치로 대형 자동차를 몰고 다니면서 과소비를 하다가 신용카드 빚으로 허덕이는 사람들을 우리 주위에서 얼마든지 볼 수 있다.

부자가 되기 위해서는 절약을 하지 않으면 안 된다. 고 정주영 현대그룹 회장은 구두 한 켤레를 사면 떨어질 때까지 신으면서 절약했다는 일화가 유명하다.

절약하려면 적은 돈부터 아낄 줄 알아야 한다. 실제 부자들은 반드시 써야 할 돈은 액수가 많고 적고 관계없이 썼지만 불필요한 돈은 비록 작은 액수라도 절약하였던 것이다.

절약하기 위해서는 어떻게 해야 하겠니? 우선 절약하고자 하는 목표가 있어야 절약하게 된다. 그 다음에 절약하는 방법에 대해서는 네가 잘 알고 있을 것이다. 자동차 기름 값을 절약하기 위해서는 오늘날 알뜰주유소도 생겼고, 또 인터넷을 통해서 주유소의 기름값을 수소문하여 조금이라도 싼 값에 기름을 사는 것도 한 방법이며, 휴대폰이나 물품을 구입할 때에도 인터넷이나 옥션을 통하는 방법 등 다양한 방법이 있다. 문제는 네가 절약하겠다는 의지이다.

절약한다고 해서 돈을 쓰지 않을 수 없다. 그러면 부자들은 어떻게 돈을 쓰면서 절약할까? 부자들은 미리 계획을 세워 놓고 그 계획 범위 내에서 쓰고 있다. 그렇기 때문에 무모하게 돈을 쓰는 일은 없다.

아들아!

우리가 생활에서 꼭 필요한 것이라고 하는 것도 곰곰이 생각해 보면 '어떤 것은 이것을 사기 위해 꼭 돈을 써야 하는가?' 하는 생각이 들 때가 있을 것이다. 따라서 무조건 안 쓰는 것이 아니라 한 번 심사숙고한 다음 꼭 필요하다고 생각할 때에는 구입하고 그렇지 않을 때는 아껴서 그 돈을 저축하는 것이 절약의 좋은 방법이다.

8. 저축의 위력
CUSTOM

06
부자들의
생활습관

앞장의 "일확천금의 꿈을 꾸지 말라."에서 잠시 저축에 대해서 언급했으나 이 장에서는 저축의 힘에 대해서 말하고자 한다.

부자가 되기 위해서는 돈을 벌어야 하고, 그 돈을 잘 관리한 다음 저축하여 굴려야 한다. 아무리 많이 벌어도 돈 관리를 잘못하여 들어오는 대로 써버리면 결코 부자가 될 수 없다.

저축에 있어서 우선 생각해야 할 것은 네 수입에서 5%만 꾸준히 저축하면 그 결과는 엄청나다는 것이다. 즉 네가 5%를 추가로 저축할 때 발생하는 자산 저축은 네 인생 설계에서 매우 중요한 역할을 한다.

너는 왜 5% 저축이냐고 반문할 것이다. 5%는 누구나 마음만 먹으면 얼마든지 절약할 수 있는 수준이기 때문이다.

그러면 5% 절약하기 위해서는 어떻게 하는 것이 좋을까? 우선 네가

| 아들에게 알려주는 부자되는 좋은 습관 | 169 |

매달 지출하는 항목에서 총수입의 5% 이하에 해당되는 항목을 분류한 다음 그것을 잡비로 처리하고 그 잡비를 사용하지 않으면 된다.

예를 들어보자. 네가 매달 지출되는 항목 중 수입의 5% 이하로 지출되는 것으로는 문화비, 또는 인터넷비, 휴대폰 사용비 등이 포함될 것이다. 그러면 수입이 30만 원이라고 가정했을 때, 30만 원의 5%인 1만 5천 원을 절약하는 방법을 찾는 것이다. 이렇게 5% 절약하여 저축하라고 하면 막연한 생각이 들 것이다. 그러나 이렇게 구체적으로 세부적인 항목에 들어가서 지출에서 5% 줄이는 것은 그렇게 어려운 것은 아니다.

이제 5% 절약하여 저축하였을 때 얼마만큼의 자산가치가 있는지 알아보자.

만약 네가 매달 봉급이 3백 5십만 원이라고 했을 때, 그 봉급에서 월 5%인 17만 5천 원씩 6년 동안 즉 72개월만 절약하여 저축하면 네 자산에 1,260만 원이 더 추가될 것이다. 만일 복리로 계산한다면 더 놀라운 결과가 나올 것이다.

네 돈을 지켜줄 안전장치로는 안전한 투자처와 보험을 들 수 있다. 노후자금에서 일부를 필요할 때 언제든지 꺼내 쓸 수 있는 안전장치로서, 원금이 손상되지 않는 예금 같은 안전장치를 마련해야 한다. 그러면 보험과 더불어 너의 돈을 바빌론 성벽처럼 든든하게 지켜줄 것이다.

아들아!

소비되는 모든 돈에는 이유가 있다. 그러나 이유를 달기 시작하면 저축은 불가능해진다. 쓰고 나서 남은 돈으로 저축하려면 이미 늦다. 먼저 저축하고 남은 돈으로 쓰는 습관을 길러라. 선저축은 가처분 소득, 즉 실제 네 손에 가지고 있는 소득을 줄여 소비를 통제할 수 있는 힘을 준다.

7

RICH SKILL

부자 되기 위한 돈 관리법 마스터 30일 전략

아들아!

성공한 부자가 되어 경제적인 안정과 풍요를 누리며 사는 것, 얼마나 가슴 벅찬 일인가! 누구든지 누릴 자격이 있다. 그런데 이런 자격은 누구에게나 있으나 실제 그런 일은 아무에게나 쉽게 오지 않는다.

부자가 되기 위해서는 돈의 가치를 깨닫고 돈의 소중함을 뼈저리게 느끼고 남다른 경제 마인드를 가지고 있어야 한다. 무엇보다도 돈 관리를 잘 해야 한다. 돈을 아무리 많이 벌어도 관리를 잘 하지 못하면 소용이 없다. 그래서 나는 네가 '돈 관리법'을 마스터하기 위한 30일 특별 전략을 세웠다. 너는 30일 동안 이 전략을 따라주면 된다.

'특별 전략'이라고 하니까 뭐 대단한 비법인 줄로 착각할지 모르나 우리가 경제생활하면서 겪고 느낀 것들을 체계적으로 모아서 네게 설명하는 것이다.

겁내지 말아라. 돈을 잘 관리하는 기술은 누구나 배울 수 있다. 지금 당장 배울 수 있다. 네가 지금 경제적으로 궁지에 몰려 있더라도 얼마든지 그 상황을 바꾸어서 자신만만하고 성공적인 돈 관리자로 탈바꿈할 수 있다. 진심으로 원하기만 하면 말이다.

돈 문제를 걱정하지 말고 돈을 즐겨보자. 빚지지 않고 잘 사는 법, 가난해지지 않고 부자로 사는 법을 배워 보자.

물론 새로운 소비습관이 몸에 배기까지는 시간이 좀 걸린다. 하지만 그러한 소비 습관으로 가는 징검다리를 놓을 정도까지는 쉽게 할 수 있다. 돈에 대한 느낌이 달라지기만 하면, 그리고 돈을 운용하거나 다루는 방법을 알기만 하면 네가 새로운 돈 관리법을 타고난 너의 천성으로 만드는 것쯤은 시간문제다.

세상에는 돈이 많다. 우리 모두가 필요한 만큼 쓰고 저축하고도 남을 만큼 충분하다. 그런데 원하는 만큼 돈을 네 인생에 끌어들이려면 돈 관리법을 알아야 한다. 넉넉하게 쓸 줄 아는 방법, 계속 솟아나게 하는 방법, 그리고 돈을 중요하게 여기되 무서워지지 않는 방법을 알아야 한다.

나는 이 책을 통해서 성공한 부자가 되는 방법을 말했다. 이제 마지막으로 돈 관리법을 말하고자 한다. 내가 여기서 제시한 방법을 30일

동안 스스로 터득하고 나면 돈에 대한 태도가 바뀔 것이다. 네 삶에서 차지하는 돈의 역할도 변할 것이다. 이 책을 읽고 네가 경제적으로 전혀 부담 없이 사는 부자가 되기를 간절히 바란다.

1일 : 돈과 친해져라

오늘은 우선 돈의 역할에 대해서 알아보자. 네 삶에서 돈은 어떤 역할을 하니? 좋든 싫든 돈은 중요하다. 누구에게나 돈이 필요하다. 그러므로 돈을 사용하는 방법, 관리하는 방법, 버는 법도 알아야 한다.

우리 주위에 가끔 천성적으로 돈 버는 기술을 타고난 사람처럼 넉넉하게 벌어서 호화스럽게 사는 사람들이 있다. 또 그럭저럭 쓸 만큼 벌어서 돈 걱정에 시달리지 않고 사는 사람들이 있다. 하지만 이런 사람들 말고 항상 주머닛돈이 충분하지 않고 끊임없이 돈 걱정을 하면서 그나

마 조금 갖고 있는 돈마저 너무 금방 써 버리는 사람들도 있다. 그 반대로 너무 꽉 쥐고 앉아서 자신이 가진 돈을 전혀 즐기지 못하는 사람들도 있다. 이제 너와 돈과의 관계를 알아보자,

• 너와 돈과의 관계

네게 맞는 항목에 표시를 하고, 생각나는 게 있으면 추가해도 좋다.

– 돈은 벌 만큼 벌고 있다. 그런데 버는 속도보다 쓰는 속도가 더 빠르다.

– 그럭저럭 보통사람 정도로 벌고 있지만 별다른 계획 없이 쓴다. 하지만 경제적으로 상류에 속한다고 생각하지 않는다.

– 돈을 쓰는 게 너무 아깝다. 지폐가 한 장 두 장 사라질 때마다 괴롭다.

– 하루하루 생활해 나가는 정도는 되지만 연금을 붓거나 투자하는 등 크게 돈 들어갈 일은 꿈도 꾸지 못한다. 그건 남의 일이라고 생각한다.

– 돈을 어떻게 관리해야 하는지 모르겠다. 돈 문제만큼은 정신이 없다.

– 언제나 빈털터리다. 기분이 울적할 때마다 주머니에 돈이 없어도 그

냥 사들인다.

- 돈 버는 게 얼마 안 된다. 아등바등 사는 게 지겹다.

- 항상 친구에게 돈을 빌린다. 대출받은 게 있어서 통장의 마이너스 금액이 계속 불어난다.

- 빚이 모두 얼마인지 모르지만 아마도 많은 것 같다.

- 돈 때문에 허덕거리는 게 부끄럽다. 그래서 남한테 도움을 청하기가 망설여진다.

앞에서 몇 가지 사항이 네게 들어맞을 수도 있다. 하지만 그것을 잘못되었다고 생각하지는 말아라. 너만 그런 게 아니다. 많은 사람들이 돈을 잘 다루지 못하거나 과소비 문제를 안고 있으며, 돈 때문에 걱정을 하고 있다. 버는 것보다 많이 쓰는 사람, 돈 문제로 열등감과 불안에 떠는 사람들이 많다.

이런 문제를 해결할 좋은 방법이 있다. 누구라도 돈 문제에 유능할 수 있다. 물론 기적이 일어나야 하는 것도 아니다. 특별히 신기한 기술을 배워야 하는 것도 아니며, 배우기 힘든 기술은 더더욱 아니다. 스스로 해결하겠다는 굳은 다짐, 끈기, 의지력만 있으면 된다. 현실을 똑바로 알고 상황을 바꿔보겠다는 의지가 필요할 뿐이다.

아들아!

오늘 당장 결심해라. 돈이란 녀석을 원수가 아니라 친구로 만드는 것이다. 이것은 경제적으로 실패하는 길이 아닌, 성공하는 길을 찾는 것이란다. 돈이라는 녀석과 사이좋게 지내기로 마음먹어라.

아들아!

돈에 대한 너의 신념은 무엇이니? 그런데 우리의 삶을 방해하는 것
이 바로 우리의 믿음 시스템이라는 사실을 알고 있니? 왜 방해한다고
생각하느냐고? 우리가 굳게 믿고 있는 것을 토대로 생각이 형성되고,
그 생각에 따라 행동하기 때문이다. 곧 우리의 생각과 행동은 오로지 믿
음에서 비롯된다. 사례를 들어보자.

너의 사촌누나 말순이는, 자신은 돈을 많이 벌지 못하며 자기 언니
보다도 더 많이 못 벌 거라고 믿고 있었다. 학교 다닐 때부터 언니는 우
등생이었고, 가족 중에서 제일 똑똑하다고 칭찬을 많이 듣고 자랐다.
말순이는 대학을 졸업한 후 취직을 해서 그다지 하고 싶지 않은 일이지
만 지겹게 느껴져도 참아야 한다고 믿었다. 이런 믿음이 너무 강해서 언
니가 다른 좋은 직장을 추천해 줘도 일할 자신이 없어서 거절했다.

말순이는 자신의 믿음이 맞는다는 것을 증명이라도 하듯이 지겹지
만 참고 열심히 일을 했다. 그런데 어느 날 자신의 믿음이 잘못되었다는
것을 깨달은 말순이는 믿음을 바꾸기로 결심했다. 그 후에는 새로운 믿

음을 행동으로 옮기기 시작했다. 결국 더 좋은 직장으로 옮겨서 돈을 더 많이 벌었다. 게다가 그 분야에서 자신의 능력이 뛰어나다는 것을 인정받게 되었다. 4년 후에 그 분야에서 최고가 되어 언니보다 훨씬 더 많은 돈을 벌었고 부자가 되었다.

　말순이가 어떻게 믿음을 바꾸었다고 생각하니? "원하는 것은 무엇이든지 얻을 수 있다." "나는 돈을 많이 벌 자격이 있다."는 새로운 믿음을 가짐으로써 종래의 믿음을 바꾼 것이다.

• 너를 가로막는 믿음은 무엇일까?

　다음 글을 읽고 네 자신에게 맞는 부분에 표시하고 스스로 가로막는 것이 있다고 생각하면 추가해도 좋다.

- 돈 문제는 처음부터 포기했다.
- 내가 돈을 많이 벌면 지나가던 소가 웃겠다.
- 남들은 돈이 넘쳐날 지경인데 나만은 아니다.
- 돈이 어디로 다 없어졌는지 모르겠다.
- 나에게 돈을 주는 회사가 불쌍하다.
- 돈은 더러운 거다. 부자들치고 존경할 만한 놈은 없다.
- 돈을 관리하라고? 불가능한 일은 시키지 않는 것이 좋다.

- 청구서와 영수증을 보면 무섭다.
- 세상에 돈은 어차피 한정되어 있다. 그러므로 모든 사람에게 골고루 돌아갈 리 없다.
- 수중에 돈이 떨어질까 봐 늘 불안하다.

이런 믿음은 왜 생기는 것이라고 생각하니? 정신과 마음이 가난해서 생기는 것이란다. 많은 사람들이 이런 식으로 생각하기 때문에 부자가 되지 못하고 가난을 면치 못하고 있는 것이다.

부자가 되기 위해서는 이런 믿음을 버리고 새로운 믿음으로 대체시켜야 한다. 정신을 풍요롭게, 마음은 넉넉하게 가져 보라. 이제 네 인생에서 돈을 환영하고 맞이할 시간이 됐다.

아래 믿음을 활용하여 종래의 믿음을 바꾸어 보라. 네가 더 좋은 생각이 떠오르면 덧붙여도 좋다.

- 세상에는 모든 사람이 골고루 가질 만큼 돈은 풍부하다.
- 돈이 많아도 좋은 사람, 존경받는 사람이 될 수 있다.

- 나는 풍요로운 인생을 살 수 있다.

- 나는 원하는 만큼 벌 수 있다.

- 청구서를 봐도 겁나지 않는다. 그 돈으로 살 것에 감사하며 쉽게 결제할 수 있다.

- 나는 돈을 잘 관리하므로 남에게 베풀면서도 넉넉하게 살 수 있다.

- 나는 돈에 휘둘리지 않는다. 내가 돈을 주무른다.

- 나는 돈을 즐길 수 있다. 항상 부족함이 없을 테니까 걱정할 것 없다.

이 중에서 네 마음에 꼭 드는 사항을 적어서 항상 외우면서 네 자신에게 말해주어라. 예전의 믿음이 되살아날 때마다 곧바로 새로운 믿음으로 바꿔서 생각하라. 마음속의 네 믿음이 세상을 바라보는 방식을 결정한다. 네 태도와 믿음은 네 자신이 선택할 수 있다. 그렇게 하면 가고 싶은 길로 씩씩하게 걸어갈 용기가 생긴다.

아들아!

넉넉하다고 믿어라. 그러면 금세 너의 믿음대로 부자가 될 것이다.

3일 : 자부심을 갖자

오늘은 돈에 대한 네 자부심을 알아보는 날이다. 자부심은 네가 종사하는 분야에 따라 여러 가지 형태로 나타나는데, 자부심이 있으면 직장에서도 자신만만하지만, 자부심이 없으면 대인관계에 있어서 늘 불안하게 사람들을 대하게 된다.

돈과 자부심은 어떤 관계가 있을까? 돈에 대해서 어느 정도로 자부심이 있느냐에 따라서 경제적으로 성공 여부가 달라지고, 돈을 다루는 방식에 큰 차이가 난다.

돈에 대한 너의 자부심은 어느 정도인지 알아보자. 다음 질문에 솔직하게 답변하라.

- 돈 걱정할 때가 많은가?
- 벌고 싶은 것만큼 벌 수 없을 것 같은가?
- 자주 빚을 지는가?
- 돈 생각을 하면 가슴이 철렁하는가?
- 돈이 많이 있을 때 어쩐지 죄스러운 생각이 드는가?

- 돈이 수중에 들어오는 즉시 써 버려야 직성이 풀리는가?
- 자신이 갖고 있는 돈의 액수를 남에게 숨기는가?

위의 질문에서 만약 '그렇다'라는 답변이 나왔다면 돈에 대한 너의 자부심은 매우 낮다고 할 수 있다. 그런 심리 상태를 계속 가지고 있으면 돈이 생기다가도 달아나기 십상이다.

다음은 돈에 대한 너의 자부심을 높이는 방법이다.

- 친한 친구에게 하듯이 네 자신에게 베풀어준다. 그리고 네 자신을
  이해하고 용서한다.
- 약점이나 결점이라고 생각되는 부분보다 장점을 더 많이 생각하라.
- 자신에게 필요한 양분이라고 생각되는 부분을 받아들여서 성장할
  수 있도록 돕는다.
- 자신에게 긍정적인 말을 해준다.
- 매사에 자신을 격려하고 자신을 믿어주어라.

아들아!

오늘 하루를 살면서 행복과 불행 중에 어느 하나를 선택할 수 있다.

위에서 제시한 자부심을 높이는 방법을 활용하여 매일매일 높은 자부심으로 행복을 선택하라.

자부심이 높아지면 삶의 질도 같이 높아진다. 경제적인 면에서도 마찬가지다. 자신에 대한 긍정적인 느낌은 돈을 관리하기 쉽고 더 올바른 판단을 내리게 한다. 돈을 더 많이 벌 것이라는 기분까지 만들어 낸다. 그래서 기분을 북돋아주고 싶다는 이유로 무지막지하게 낭비하던 습관도 없어지게 된다.

아들아!
돈에 대한 자부심을 높여라. 그러면 자신감이 생긴다.

4일 : 돈이 다 어디로 갔지?

오늘은 네가 마음이 좀 쓰릴 수 있는 날이다. 지금까지 벌었던 돈이 다 어디로 갔는지, 그 돈을 만족할 만한 일에 사용했는지 생각해보는 시간이다.

네가 사는 세상은 물질의 소유를 너무 중요하게 여기는 세상이다. 갖고 싶은 물건, 소유하고 싶은 물건이 없는 사람은 한 사람도 없을 것이고, 이미 상당한 양을 가진 사람도 많다.

게다가 네가 사는 세상은 소비가 미덕이라고 부른다. 돈이 있든 없든 일단 쓰고 보라고 부추긴다. 물건을 살 때, 취미 생활을 할 때 여행을 할 때도 돈이 들어간다. 돈이 들어가는 것들을 나열하면 며칠이 걸릴 것이다. 우리 집에 있는 물건들도 예전에는 돈이었는데, 그 돈으로 바꾼 것이다. 네가 갖고 있는 물건, 입고 있는 옷, 그리고 네 방에 있는 것들은 모두 돈으로 산 것들이다. 그렇게 본다면 네 방에 웅크리고 있는 돈도 상당히 많다고 봐야 할 것이다.

돈 쓰는 법은 네 자신에게 달려 있다. 일단 돈을 쓰기로 결정했으면 그 결정이 만족스러운지를 생각해 볼 필요가 있다. 그 과정을 거쳐야 다음 단계로 넘어갈 수 있단다.

우선 지난 3년 동안 네가 지출했던 분야를 차근차근 적어 보라. 부모 친지나 남들로부터 평가를 받기 위한 것이 아니므로 가급적 솔직하게 적어야 한다.

다 적었으면 돈이 제일 많이 들어간 부분 3가지를 골라 보라. 그런 다음에 그 부분이 네게 중요한지, 그 부분에 돈을 지불한 것에 대해서 어떤 기분이 드는지 생각해 보라. 그리고 아래 질문에 대답해 보라.

– 쓸 만한 부분에 쓸 만한 정도로 썼다고 생각하는가?
– 그 돈을 써서 얻은 결과에 대해서 만족하는가?
– 중요하고 쓸모 있는 일에 돈을 썼는가?
– 세 개의 분야가 네게 가장 중요한 부분인가? 우선 순위를 옳게 잡았
  는가?
– 바꿀 수 있다면 어떤 식으로 바꾸고 싶은가?

이 질문에 대답을 하는 과정에 너의 소비 패턴을 알 수 있으며, 그것에 대한 감정도 알게 된다. 그래서 어떤 부분을 어떤 식으로 바꾸고 싶

은지 분명하게 알게 된다. 불필요한 일에 지나치게 돈을 낭비했거나 중요하지 않은 것에 돈을 지출했다면 이제부터는 돈을 다르게 써야 한다.

아들아!
네 소비 패턴을 알고 나면 변화의 길이 보인단다.

5일 : 눈 가리고 아웅 하지 말라

눈 가리고 아웅 하는 어리석음을 탓할 때 사람들은 흔히 타조로 비유한다. 타조는 엉덩이가 다 보이는데도 모래에 머리만 처박고 있으면 다 끝나는 줄 안다. 간혹 이런 어리석은 행동을 하는 사람들이 많은데, 특히 돈 문제로 골치를 썩이는 사람 중에 어떤 식으로든 자신의 처지를 모르는 척하는 성향을 가진 사람이 있다.

타조가 된다는 것은 상황을 부인하는 것이다. 전혀 상관이 없는 데로 숨기거나 진실을 무시해 버리는 행동을 말한다. 이런 행동을 하는 한 돈을 제대로 관리할 수 없다.

그러면 타조와 같은 행동은 어떤 것인지 알아보자. 혹시 네가 이런 행동을 하고 있지는 않은지 네 자신에게 솔직해야 한다.

- 은행에서 보낸 청구서나 용지들을 쳐다보지 않는다.
- 신용카드 미결제 금액이 계속 올라가고 있다.
- 통장에 마이너스 금액이 항상 남아 있거나 위험할 정도로 쌓여 있다.
- 생활비도 남겨두지 않고 여력이 되지 않은 일에 자주 돈을 쓴다.

- 자기보다 부유한 사람들 틈에 끼려고 한다.

- 시간이 지나면 어떻게 해서든지 해결될 거라고 믿는다.

- 옷, 구두, 가방 같은 물건에 쇼핑 중독이 있다.

- 기분이 나빠질 때, 스트레스가 쌓일 때, 그것을 풀기 위해서 돈을 쓴다.

- 사랑을 돈으로 사려고 한다.

- 자기 모습이 아닌 다른 사람으로 보이려고 한다.

- 도박이나 내기를 지나치게 즐긴다.

- 확실치 않은 일에 투자한다.

만약 이렇게 하고 있다면 너는 지금 타조놀음을 하고 있는 것이다. 여기서 브레이크를 잡아야 한다. 왜냐하면 다음과 같은 결과를 가져오기 때문이다.

- 불안을 느낀다.

- 현재 상태를 유지하기 힘들어서 스트레스를 받는다.

- 시간과 정력을 낭비한다.

- 상황이 갈수록 나빠진다.

– 보상받는 것도 없이 자주 손해를 본다.

아들아!

이제부터는 잘못되었다고 느꼈으면 '이제부터는 그만!' 이라고 외치고 눈 가리고 아웅 하는 행동을 하지 말아라. 안개처럼 모호하기만 한 돈 문제에 시달리면서 불안하게 사는 게 지겹지 않은가? 결심을 했다면 대견하다. 오늘 당장 결심하고 행동으로 옮겨라. 네 자신의 상황을 똑바로 인식해라.

6일 : 네가 돈을 지배해라

　오늘은 네가 돈의 주인인지, 돈이 네 주인인지 생각해 보자. 어떤 사람들은 돈이 자기를 지배하고 있어서 그런지 "수중에 늘 돈이 없다."고 말한다. 사람들의 말에는 생각이 잘 나타난다. 다음에 제시한 말 중에 너도 그런 말을 한 적은 없는지, 아니면 다른 사람들이 그런 말을 하는 것을 들은 적은 없는지 생각해 보라.

　- 나도 그렇게 하고 싶지만 그럴 만한 돈이 없어.

　- 돈만 있으면 만사가 오케이인데 말이야.

　- 하고 싶은 일은 많은데 그럴 때마다 돈이 없어서 못했어.

　- 돈이 어디로 갔는지 모르겠어. 그냥 없어졌어.

　- 요즘 돈 드는 게 장난이 아니야. 내가 정말로 하고 싶은 일을 할 만
　　한 돈이 없어.

　- 돈 얘기는 지겨워.

　이런 말을 하는 사람은 돈의 주인공이라고 볼 수 없다. 그런 사람들에게는 돈이 발이 달려서 제멋대로 가거나 자기 길을 찾아간 것처럼 들

린다.

오늘 하루만이라도 네가 돈에 대해서 어떤 식으로 말하고 있는지 주의 깊게 관찰해 보고, 네 자신을 무기력하고 무능한 인물로 말하지 말아라. 대신에 돈을 네 손아귀에 넣고 네 마음대로 사용하여 성공할 수 있다고 생각하라. 그리고 '네 돈을 어떻게 쓸지에 대한 결정권자도 바로 네 자신임'을 알아라. 그리고 앞에 열거한 말을 다음과 같은 말로 바꾸어서 하도록 하라.

- "그럴 돈이 없어." 대신에 "다른 데서 돈을 마련해야지."라는 말을 하라.
- "돈이 그냥 없어져." 대신에 "나에게 돈이 얼마가 있는지, 돈을 어디에 썼는지 확실하게 알아."라는 말을 하라.
- "돈 드는 게 장난이 아니야."라는 말 대신에 "나는 항상 가치 있는 일에, 쓸 만한 일에 돈을 써."라고 말하라.

아들아!
돈에 대해서 말하고 생각하는 방식을 바꿔 보라. 그러면 돈에 대한 너의 생각이 혁신적으로 바뀌고 돈도 많아진다.

네 자신이 확실하게 돈을 관리하는 것처럼 생각하고 말하고 행동하라.

다른 생각은 접근하지 못하게 하라. 돈을 주인으로 삼거나 무거운 걱정거리로 생각지 말아라.

"원망스러워. 짜증나. 부족해." 따위의 말은 하지 말라. 대신에 "잘 할 거야. 자신 있어. 넉넉해."라는 말을 하고 '예스'로 긍정을 나타내어라.

7일 : 소망 리스트를 만들어라

오늘은 네가 원하는 것들을 헤아려 보는 시간을 갖자. 하지만 사고 싶고, 갖고 싶고, 하고 싶은 것이 무엇인지 손꼽아 보기 전에 신중하게 생각하기 바란다. 무슨 말인가 하면 명품구두, 스키장, 외국산 양복을 떠올리지 말라는 뜻이다.

이 소망 리스트에는 네가 일생 동안 진정으로 하고 싶은 일, 네게 기쁨과 마음의 평안을 가져다 줄 수 있는 것들이어야 한다. 언뜻 생각이 떠오르지 않을 수도 있고, 또 진부하게 느껴질 수도 있다. 하지만 진부하더라도 돈을 쓸 만한 가치 있는 일이라면 상관없다. 시간을 갖고 곰곰이 생각해보고 진심으로 원하는 것이 무엇인지 그것을 찾아보라.

아마도 네 소망 리스트에는 이런 것들이 들어 있지 않겠니? 물론 이것은 내 생각이다마는.

- 내집 마련.
- 집이 있다면 융자 갚기.
- 저축금액을 늘리고 싶다.

- 연금 가입(연금은 사회생활을 시작할 때 가입하는 것이 좋다.)
- 현명하게 투자하는 법을 배우고 싶다.
- 돈 걱정 없는 안락한 노후 준비.
- 부채 없는 생활.
- 은행대출담당자, 집주인, 신용카드가 두렵지 않은 생활.

　로또 복권 1등으로 당선되어 돈 문제를 한꺼번에 해결하고자 하는 욕심은 어느 누구나 다 가지고 있다. 그래서 아직도 많은 사람들이 복권을 사고 있다. 그런데 복권에 당첨이 된다 해도 모든 돈 문제가 한꺼번에 해결되는 경우는 참으로 드물다. 설령 복권에 당첨되어 돈 문제가 해결되었다고 해서 인생사의 모든 문제가 해결된다고 생각하는 것은 큰 착각이다. 돈 문제보다 더 큰 문제가 기다리고 있는 것이 인생의 현실이란다.

　따라서 지금 너는 현실적으로 생각하는 것이 좋다. 지금까지 네게 효과적으로 발휘했던 것이 무엇이고, 충분하게 있는 것이 무엇인가? 마음이 편안하고 행복해지려면 얼마의 돈이 필요한가? 돈은 많을수록 좋다고 하겠지만 앞에서 말한 대로 로또 복권에 당첨되어 손에 들어온 많은 돈은 결코 네게 편안함과 행복을 가져다주지 못한다. 불안이나 다른 문제를 야기하지 않고 편안함을 주는 돈은 의외로 훨씬 적다. 불안이 없는 진정한 행복을 누리기 위해서는 적절한 돈 관리와 풍요로운 정신 상태가 중요하다.

너의 소망 리스트에 무엇이 포함되어 있는지 확실히 모르겠으나 아마도 재미있는 일이나 사치스러운 일도 넣었으리라 생각한다. 그런 것들을 따지기 전에 먼저 기본적인 것부터 해결하자.

만약 네가 돈 문제에 관해서 이 정도면 됐다고 판단되었을 때에 가장 기본적으로 해결하고자 하는 것이 무엇이니? 그것을 결정했으면 그 목표를 위한 기간을 각각 항목 옆에 첨부한다. '5년 이내 내집마련' '3년 이내 부채 청산 '이런 식으로 쓰면 된다.

소망 리스트에 무엇을 적든 관계없다. 무슨 일이든지 가능하다. 소망을 이루려면 어떤 단계를 밟아야 하는 것인가에 대해서만 생각하면 된다.

아들아!
너의 소망을 이룰 수 있다고 생각하니 기쁘고 즐겁지 않니? 내가 이렇게 기분이 좋은데, 너야 얼마나 좋겠니? 소망은 진정으로 원하면 이루어진다.

이제 네가 평생 할 수 있는 돈 관리법을 생각해 보자. 돈 관리법의 장점은 일단 요령만 터득하면 다시 잊지 않는다는 점이다. 자전거 타는 법을 한 번 터득하면 잊혀지지 않듯이 말이다.

네가 구상하는 돈 관리법은 어떤 모양인지 모르겠으나 무엇보다도 간단해야 한다. 간단해야 앞으로 계속할 수 있다. 돈 관리가 복잡하면 소용이 없다. 왜냐하면 오랫동안 할 수 없기 때문이다.

돈 관리를 잘 하기 위한 기본원칙이 네 가지가 있는데 다음과 같다.

첫째, 나가는 돈을 알아야 한다.

둘째, 들어오는 돈을 알아야 한다.

셋째, 지출이 수입보다 적어야 한다.

마지막으로 수입과 지출을 정확하고 꾸준히 적어야 한다. 이게 전부다. 너무 간단하다고 생각하겠지.

수십 개의 회계장부도, 여러 개의 통장도, 그리고 복잡한 컴퓨터 프로그램도 필요 없다. 또 매일 경제 신문을 읽으면서 공부하지 않아도 돈을 효과적으로 관리할 수 있다. 그러면 그 방법에 대해서 좀더 상세히 알아보자.

- 주거래 은행에 주로 사용하는 입출금 통장을 만든다.
- 주로 사용하는 통장에서 정기적으로 나가는 공과금을 자동 이체한다.
- 저축하는 통장을 만든다.
- 입출금통장에서 저축통장으로 매달 일정금액을 자동 이체한다. 그렇게 하면 신경 쓰지 않아도 돈이 불어난다.
- 신용카드는 2장 이상은 사용하지 않는다. 그리고 매달 지불해야 할 결제 금액을 완불한다.
- 가계부용 노트를 하나 만들어서 수입과 지출을 기록한다.
- 파일 하나를 만들어서 돈과 관련된 서류를 다 모아둔다.
- 한 달에 한두 시간 정도 시간을 내어 가계부의 내용과 통장에서 빠져 나간 돈이 일치하는지 확인한다.

아들아!

이 정도는 할 수 있다고 마음먹고 실행하면 그 밖의 모든 일은 조직적으로 움직인다. 계획대로 실천해라. 오늘부터 시작해라. 돈 관리가 간단해지면 생활 전체가 단순해진다. 돈 걱정에 시간과 정력을 낭비할 필요 없이 다른 일에 시간과 정력을 쏟을 수 있다. 단순해지면 돈이란 놈을 네 손에 휘어잡을 수 있다.

9일 : 나가는 돈을 정확히 알아라

이제 돈 관리법의 두 번째 단계로 접어들었다. 앞에서 말한 기본 규칙 중에서는 첫 번째 규칙을 말하려고 한다. 이 시간의 주제는 "나가는 돈을 정확히 안다."는 것인데, 지금까지 돈 관리를 제대로 하지 않은 네가 말로만 감을 잡기란 쉬운 일이 아니다. 너무 애매하게 느낀다든지, 도저히 종잡을 수 없다고 생각할지도 모른다. 네가 어떤 상태이든 걱정하지 않아도 된다. 애매모호한 부분이 있으면 그걸 없애서 명확히 만들면 된다.

우선 돈이 어디로 나가는지 생각해 보자.

돈이 나가는 분야를 하나하나 적어 보자. 예를 들면 다음과 같다.

– 월세나 주택융자금.

– 공과금, 즉 가스요금, 전기요금, 전화요금.

– 보험금(자동차보험금, 건강보험금).

– 신용카드 결제.

– 교통비나 자동차로 들어가는 경비.

– 그 밖의 잡비(모임 회비, 친구와의 만남으로 인한 저녁식사 대금 등).

이 밖에도 상황에 따라서 항목을 덧붙인다. 그 다음에는 각 항목 옆에 한 달 단위로 소비하는 액수를 적는다. 영수증이 있으면 찾아서 확인해 보고, 금액을 모르면 대략적인 금액을 적는다. 다 끝났으면 한 달에 네가 어느 정도 지출하는지 알게 되었을 것이다. 이런 과정이 100% 정확하지 않아도 기본적인 틀은 잡았을 것이다.

그 뒤로 한 달 동안 지출 내역을 그 노트에 적는다. 메모장을 가지고 다니면서 돈을 쓰는 즉시 메모장에 적는 습관을 들이자. 앞으로 계속할 필요는 없다. 하지만 최소한 한두 달은 하는 것이 좋다. 그래야 네가 지출하는 금액을 정확히 알 수 있다. 어림짐작은 하고 있었지만 이만큼 많은 돈을 지출하고 있는 데에 놀라게 될 것이다.

아들아!

지출 내역을 적는 것은 잠을 깨우는 훈련이라고 할 수 있다. 틀림없이 보람 있는 결과를 얻을 것이다. 이렇게 한다면 다시는 "내 돈이 다 어디로 갔는지 모르겠어." 하는 소리는 하지 않게 된다. 돈을 융통성 있게 사용할 수 있고, 따라서 어떤 식으로 돈을 써야 하겠다는 생각도 하게 된다.

10일 : 들어오는 돈을 확인해 본다

나가는 돈을 파악했으니까 이제 들어오는 돈을 알아보자. 즉 어떤 식으로 돈이 네 주머니에 들어오는지 확인해 보자는 것이다. 네가 돈을 관리하면서 만족을 느끼려면 두 가지는 충족되어야 한다.

어제 너는 지출 과정을 파악하면서 지출이 생각보다 엄청나게 많은 것을 보고 놀랐을 것이다. 하지만 오늘은 마음 편안히 먹고, 비록 너의 소득이 적더라도 즐거운 과정이 될 것이다. 오늘은 넉넉한 마음을 갖고 네게 굴러들어오는 돈을 생각하면서 부자가 되는 기분을 느껴보려무나. 네게 들어온 돈은 네 마음대로 쓸 수 있으니 얼마나 기분이 좋으냐?

이제 어디서 돈이 들어오는지 알아보자.

- 직장에서 받는 월급.
- 두 달 또는 세 달에 한 번 들어오는 보너스.
- 저금한 돈의 이자.
- 배당금.
- 나라에서 주는 연금.

- 위자료나 양육비.

위의 사항 외에 상황에 맞게 추가해도 좋다. 이제는 옆 칸을 채워 넣어라. 월급명세서, 주택조합에서 보내온 증명서나 우편물, 기타 서류를 참고로 해서 하나하나 적은 다음에 한 달 수입을 전체적으로 더한다.

이제 어제 작성한 지출 목록과 비교해 보라. 돈 문제로 골치를 썩지 않으려면 들어오는 돈이 나가는 돈보다 많아야 한다. 그러면 너는 생활 기반이 잡혔다고 할 수 있다. 저축할 돈, 빚이나 대출금을 갚아 나갈 돈 아니면 투자비용까지 생각할 수 있으니까 말이다.

들어오는 돈과 나가는 돈이 똑같으면 그것도 괜찮다. 지금 사는 방식으로 만족하고 노후를 위해 따로 신경 쓰지 않아도 된단 말이다. 그러나 나가는 돈이 들어오는 돈보다 많으면 변화를 모색해야 한다. 변화가 절실히 필요하다.

아들아!
나가는 돈이 들어오는 돈보다 많다고 해서 너무 걱정하지 마라. 다만 들어오는 돈과 나가는 돈의 균형을 맞추려면 어떻게 해야 할지 생각해 보라. 더 많이 버는 방법은 없을까? 친구들과의 술자리를 줄이는 등 조금 줄이는 식으로 하든지 아니면 자동차를 팔고 대중교통을 이용한 다든지 하는 변화가 필요하다. 이것은 오로지 너의 선택에 달려 있는 것임을 명심해라.

오늘은 네 자신에게 또는 다른 사람들에게 정직해야 한다는 것을 말하고자 한다. 사람들은 거의가 돈 문제에 대해서 정직하지 못하다. 돈이 있으면서도 없다고 울상을 짓거나, 집에서는 생활비를 아끼면서도 나와서 친구들 앞에서는 큰소리치고 식사를 하면 자신이 먼저 지불하는 등 허세를 부린다.

사람은 100% 정직할 수는 없다. 아마 빚을 지고 있는 사람이라면 쉽게 이해가 갈 것이다. 남에게 빌려 쓴 돈을 합리화하려고 자신에게 거짓말을 한다. 이런 식이 아니더라도 네가 돈에 대해서 정직하지 못하다는 이유가 여러 가지 있다. 아래 제시한 내용을 읽어 보고 네게도 맞는 사항이 있는지 확인해 보라.

- 신용카드로 현금 서비스를 받을 때나 돈을 밀릴 때 그럴싸한 거짓말을 한다.
- 돈을 쓰려고 생각할 때, 쓰고 나면 대책이 생긴다는 막연한 기대를 한다.

- 통장의 잔고나 고지서는 보지 않는다.

- 현금에 여유가 없을 때에만 신용카드를 사용한다.

- 이대로 안 되겠다는 생각을 하면서도 밤낮 그대로다.

- 세금 내는 날을 항상 미룬다.

- 다른 사람에게 돈에 대하여 거짓말을 한다.

- 자신은 벌지 못하면서 배우자에게 전적으로 기댄다.

이 밖에도 돈에 대해서 정직하지 못한 경우가 많다. 게다가 어떤 핑계를 대든, 어떤 상황이든 거짓말을 하고 나면 기분이 찜찜할 것이다.

아들아!

오늘부터 솔직하겠다고 결심해라. 비밀로 숨겨 놓았던 일들, 핑계와 거짓말을 뿌리째 솎아서 쓰레기통에 던져버려라. 앞으로 어떻게 행동을 달리 할 것인지 결정하고 실천하라. 솔직하고 분명하라. 그러면 자유로워질 것이다.

12일 : 일하는 데 대한 대가를 알아본다

오늘은 네가 일하면서 치르는 대가에 대해서 알아보자. 자칫 이상하게 들릴지 모르지만 사실은 누구나 자기가 하는 일에 대한 대가를 지불하고 있다. 그렇기 때문에 네가 지금 하고 있는 일이 그러한 대가를 지불하고도 할 만한 것인지 알아보는 것이다.

그렇다면 일하면서 어떤 대가를 치를까?

- 업무 시간 외의 근무.
- 상사나 다른 사람들로부터 피해를 입거나 억압을 받는다.
- 할 말이 있으면서도 말하지 못한다.
- 사생활이 망가진다.
- 신념이나 성향에 위배되는 일을 한다.
- 뼈 빠지게 혹사당하는 느낌이 든다.

이 밖에도 네가 근무하는 직장의 장단점들이 있을 것이다. 장점이 단점보다 많으면 괜찮다. 그러나 한 번 정직하게 생각해 봐야 한다. "다른 데 갈 곳이 없어서 그 직장에 남아 있는 것은 아닌지." "다른 데서 성공하지 못할 것 같아서 그곳에 계속 머물고 있는 것은 아닌지."

두려움 때문에 매달리지는 말라. 가능성은 언제나 열려 있다. 언제나 달리 선택할 대안이 있는 법이고 언제든지 상큼하게 출발할 수 있다.

자기 일을 좋아하는 사람은 대개 경제적으로도 성공하게 된다. 좋아하는 일을 하면 최선을 다하게 되고, 최선을 다하면 자연스럽게 진급, 월급 인상 같은 보상이 따라오기 마련이다. 하지만 좋아하지 않는 직장에서 싫어하는 일을 하는 사람들이 있다. 이런 사람들은 돈 때문에 붙어 있는 것이다. 만약 네가 그런 경우라면 다시 생각해 보기 바란다. 돈만 위해서 일한다면 그 일을 절대적으로 진심으로 즐기지 못할 것이고, 만족스러울 리도 없다.

아들아!

네가 하는 일에 자부심을 느껴야 한다. 그러면 즐기면서 더 많은 돈을 벌 수 있다. 지금 직장에 퍼주는 대가가 너무 크다고 생각하면 그만둘 용기를 가져라.

13일 : 돈 문제를 해결하라

오늘은 돈 문제 해결 방법에 대해서 알아보자.

혹시 시도 때도 없이 돈 문제로 시달리고 있지는 않겠지? 잠깐 경제 사정이 나아졌다 싶으면 다시 곤두박질치고, 이런 식으로 끊임없이 되풀이되는 것은 아니겠지? 보증이나 서서 돈 문제에 얽힌 것은 아니겠지? 만약에 위의 질문에 "아니오."라고 확고한 대답을 하지 못한다면 생활 방법을 달리할 때가 되었다.

오늘날 많은 사람들이 겪게 되는 돈 문제 몇 가지를 예로 들어보자.

- 어마어마한 청구서가 날아들었는데, 그 돈을 메울 길이 보이지 않는다.
- 돈을 빌려준 사람이 며칠 내로 갚으라고 한다.
- 융자금이나 대출금을 다 써 버려서 다시 융자를 내야 할 판이다.
- 신용카드를 연체하여 소송하겠다는 통지가 왔다.
- 할부금이나 월세가 밀려 있다.
- 마이너스 통장이 되는 바람에 막대한 이자를 물고 있다.
- 월급날이 2주 남았는데도 만 원짜리 한 장 없다.

- 공과금을 3달치 못 내어서 가스와 전기가 끊기기 직전이다.
- 은행 대출담당자와 집주인, 그리고 부모님에게 고개를 숙이고 사정 사정해야 하는 일이 신물이 난다.

경제적 문제에 직면한 사람들은 한동안 잠잠한 시기를 지나고 나서 다시 그 늪에 빠진다. 이렇게 악순환을 되풀이한다. 이런 악순환은 한마디로 돈 관리를 잘못하였기 때문이다.

아들아!

간단하다. 너의 경제 상황을 재조정하겠다고 결심해라. 한도 내에서 살고, 비상 사태를 위해 비상금을 따로 남겨 놓겠다고 말이다. 경제적 문제라는 무거운 짐을 벗어놓도록 하라. 처음부터 문제가 생길 만한 상황을 가려내어 문제를 피해 가라.

오늘은 공동재정에 대해서 생각해 보기로 하자. 공동재정이라고 하니까 너는 아마도 생소하게 들리거나 아니면 기업에서나 하는 것을 생각할지 모른다. 공동재정은 룸메이트나 배우자와 함께 살면서 경제적인 책임을 분담하거나 경제적인 결정이나 생활비를 같이 나눠 미래를 대비하는 것이다.

룸메이트나 친구와 함께 살 때는 문제가 생기지 않는다. 어차피 중요한 것은 각자 해결하게 되고, 그렇지 않으면 헤어지면 그뿐이다.

그러나 배우자와의 관계에서는 경제적인 문제가 더 복잡해져서 갈등의 원인이 될 수 있다. 그러므로 처음 시작할 때부터 규칙을 확실하게 정해 놓는 편이 좋다. 최선의 해결책을 준비해 놓으면 돈 때문에 서로 싸울 일은 없을 것이다.

배우자라고 하더라도 돈에 대한 생각은 다 다르다. 따라서 그 차이점 때문에 불화가 일어날 수 있으므로 기본적인 부분에 대해서는 서로 동의가 이루어지는 것이 바람직하다.

아래에 부부간의 공동재정관리 기본 원칙을 제시했다. 이 원칙을 반드시 따라야 한다는 것은 아니다. 이 원칙을 중심으로 자신의 상황에 맞게 적용하면 된다.

- 경제권은 다 넘겨주면 안 된다. 물론 공과금이나 생활에 필요한 돈은 한 사람이 맡아서 하는 것이 합리적이다. 그러나 가정에서 돌아가는 경제 상황을 함께 알아야 하고 중요한 결정은 함께 내려야 한다.

- 어떤 부분을 공동으로 책임질 것인지 결정해야 한다. 두 사람이 책임질 부분을 따로 나누거나 공동 통장에 있는 돈으로 해결하는 방법이 있다.

- 각자 중요한 부분에 대해서는 서로에게 정직해야 한다. 예를 들어서 너는 저축을 하고 싶은데, 네 아내는 그 돈을 쓰고 싶다고 했을 때 서로 타협하여 실천하는 것이 중요하다.

- 두 사람이 평생을 함께 있을 거라는 믿음을 갖는 것은 좋으나 미래를 계획할 때는 그 믿음을 일단 접어두는 것이 좋다. 그리고 전적으

로 네 돈이라고 말할 수 있는 재산과 돈이 있어야 한다.

– 부부가 되어 공동으로 경제를 책임진다는 것은 쉬운 일이 아니다. 그러나 서로 이해심을 발휘하여 처리해야 한다. 화를 내고 비난해 봤자 두 사람 사이에 더 높은 장벽이 생길 뿐이다.

아들아!

공동 관리법을 배워라. 즐겁고 적극적인 경험이며 그만한 보람도 느낄 것이다.

15일 : 돈 때문에 실수를 하지 말라

이제는 돈 때문에 실수하는 일에 대해서 직시를 해야 한다. 너는 왜 지금 실수를 끄집어내느냐고 의심하겠지만, 많은 사람들이 그런 실수를 할 가능성이 크고, 앞으로도 그럴 가능성이 있기 때문에 미연에 방지하기 위해서이다.

네가 돈 문제로 저지를 수 있는 실수가 무엇이 있겠느냐고 반문할 것 같아서 여기 몇 가지 사례를 적어본다.

- 나중에 후회할 물건에 돈을 쓴다. 예를 들어서 콘도를 할부로 구입 했는데 거의 한 번도 사용하지 않는다.
- 버는 돈보다 더 많이 쓰고는 마이너스를 메우려고 빚을 진다.
- 몽땅 말아먹을 만한 일에 돈을 투자한다.
- 갚지도 못할 형편이면서 돈을 빌린다.
- 처음에는 돈 관리를 했으나 나중에 끊임없이 걱정해야 하는 사태까 지 간다.

이런 실수를 두 번 저지르는 것은 예사이다. 심지어 일곱 번씩 저지르는 사람들도 있다. 그런 사람은 자기 실수의 유형을 알아야 한다. 어떤 유형의 실수를 하는지 알면 다음에는 그런 실수를 할 뻔 하다가 중지하게 된다. 네가 반드시 알아야 할 것을 알지 못하면 삶은 그것을 알 때까지 똑같은 교훈을 반복해서 가르쳐 준다는 점이다.

그러면 실수를 하지 않으려면 어떻게 해야 할까? 여기 그 방법을 몇 가지 소개한다.

- 큰 금액이면 쓰기 전에 신중히 생각한다. 영업사원의 말에 현혹되어 구입했다가 그 다음날 후회한 일이 있을 것이다. 그러므로 하룻밤을 더 생각해보고 그 다음날 필요한 물건인지 곰곰이 따져보고 나서 그래도 사야 할 물건이라고 생각되면 구입한다.
- 기분이 엉망이라서 밖에 나가서 술을 마신다거나 돈을 쓰고 싶을 때가 있다. 그럴 때는 주머니에 생각되는 액수만큼만 가지고 나간다.

- 대출금을 갚아야 한다면 빠듯하게 정하면 안 된다. 여력이 있다고 생각하는 액수를 정한 다음에 할부금을 그 액수의 3분의 1정도로 줄여서 정한다.

– 못 받아도 된다고 생각되는 돈이 아니라면 빌려주지 않는다. 그 돈을 아주 줄 작정이라면 빌려주고 그렇지 않으면 거절한다.

– 살까말까 생각이 들면 사지 않는다.

아들아!

살다 보면 누구나 이런 실수를 한다. 너도 앞으로 이런 실수를 하게 된다. 하지만 여기서 내가 제시한 기본지침을 따르면 쉽게 해결할 수 있는 작은 실수만 저지르게 된다. 예전에 저지른 실수는 돈 관리를 잘 하기 위한 과정이라고 생각하고 너무 실망하지 마라.

16일 : 빚 처리는 이렇게 하라

오늘은 빚 처리 문제에 대해서 말하고자 한다. 빚에는 물질적인 빚과 마음의 빚이 있다. 많은 사람들은 이 두 가지 빚 중에 하나를 안고 산다. 그런데 충분히 감당할 수 있는 빚이라면 문제될 게 없다. 빌린 돈으로 가치 있는 일을 한 경우도 있다. 그렇지 않은 빚이라면 하루 속히 빚에서 벗어나야 마음에 평안을 얻을 수 있단다.

우선 네가 빚을 지고 있는 상태라면 그만한 가치가 있는 빚인가를 생각해야 한다. 예를 들어서 주택융자도 빚이지만 그 빚을 얻어서 내집 마련을 하기 때문에 가치가 있다고 생각할 수 있다. 그런데 이것도 오늘날 집값이 하락하면서 문제가 되고 있지만, 이 문제는 본 주제와 관계가 없으므로 생략하고, 모든 빚에는 이자가 따르기 마련이다. 따라서 카드로 물건을 살 때 이자까지 계산하여 그 물건의 진정한 값을 따져 볼 필요가 있으며, 할부의 경우 이자까지 계산하면 어떤 경우에는 2배 가까운 값으로 사게 된다. 그 정도의 값을 치르고도 사야 하는지 결정하는 것은 오직 네 자신이다.

네가 지금 빚 때문에 고민하고 있다면 이제 전략을 다음과 같이 세워 보라.

첫째, 지금 내고 있는 이자를 확인해 본다. 이자가 높은지 적당한지 확인해 보고 높으면 적당한 이자로 대출을 받을 수 있는지 은행에 확인해본다.

둘째, 빚 때문에 도저히 정신을 차릴 수 없고 생활을 할 수 없을 정도라면 전문적으로 상담해 주는 기관을 찾아가서 조언을 구해본다. 그런 기관은 찾으려면 얼마든지 있다.

셋째, 오늘 당장 거금의 돈을 빌려주겠다고 선전하는 사채업자는 결단코 피해야 한다.

넷째, 빚이 있다고 해서 너무 자학해서는 안 된다. 네 인격의 문제가 아니라 돈을 제대로 관리하지 못했기 때문이다. 오늘부터 착실하게 빚을 갚아나가겠다고 결심하고 앞으로 돈을 잘 관리해야 한다.

아들아!
빚이 있으면 사람이 망가지는 것은 순식간이고, 돈도 말라붙는다. 빚지지 않고 사는 게 훨씬 낫다는 것은 두말할 필요도 없고, 빚에 허덕이면서 살면 근심, 걱정, 스트레스가 생기고 건강도 나빠지고 더 일찍 늙는다. 이제 빚 없는 세상에서 살겠다고 결심해라. 무거운 짐을 벗어버리고 자유로운 경제생활을 누려보자.

17일 : 저축은 부자가 된 기분을 느끼게 한다

오늘은 저축에 대해서 말하려고 한다. 저축에 대해서는 앞장에서 말한 바 있으나 돈 관리법에서 빼놓을 수 없는, 부자 되는 중요한 요인이기 때문에 여기서 다시 말하고자 한다.

너는 지금 저축을 하고 있니? 아니면 나이가 좀더 들거나 직장에서 진급이라도 하여 봉급이 올라가면 하려고 하니? 만일 그렇다면 다음의 구절을 읽기 바란다.

"저축이 바로 부자가 된 기분을 느끼는 지름길이다."

어마어마한 금액의 로또 복권에 당첨되거나 막대한 금액이 생기는 상상을 해보지 않은 사람은 없을 것이다. 또 그런 꿈을 가지고 복권을 사는 사람도 많다. 그런 사람들은 거의가 큰돈이 들어왔을 때의 희열, 그리고 다시는 돈 걱정하지 않아도 된다는 사실을 생각만 해도 흐뭇할 것이다. 그러나 그런 꿈이 이루어졌을지라도 돈 관리를 잘 하지 못하여 돈이 없어지고 나면 오랫동안 부자가 될 수 없단다. 돈이 없어지지 않고 오랫동안 가지고 있는 게 부자 되는 비결이다.

그러면 저축할 여유가 없는 사람들은 어떻게 해야 저축할 수 있을지 그 방법을 알아본다.

너는 현재 저축할 여유가 없다고 생각하니? 그렇게 생각하는 사람들이 많다. 그런 사람들은 다시 한 번 생각해야 한다.

저축은 여유가 있어서 저금하는 것은 아니다. 적은 금액으로도 할 수 있다. 다달이 적금 통장에 들어가도록 자동이체를 하면 된다.

적금을 깨고 싶은 마음이 들더라도 참아야 한다. 그 돈이 차곡차곡 불어나게 놔두었다가 형편이 좋아져서 적금액수를 올릴 수 있다면 더 좋다. 저금한 돈이 있다는 생각만 해도 기분이 좋아질 것이다.

언젠가 부자가 되겠다고 꿈만 꾸는 것은 소용이 없다. 형편이 나아지면 저축하겠다는 것은 네 자신을 속이는 것이다. 일단 저축을 하게 되면 형편이 좋아진다. 네 생각도 바뀔 테니까 말이다.

저축은 돈을 잘 관리하는 바람직한 행동이다. 이점을 믿으면 믿을수록 너는 점점 더 많은 돈을 잘 관리하게 될 것이다.

아들아!

오늘은 네 돈을 조금 남겨두기로 결심해라. 돈은 쓰라고 만든 것이라는 말도 있지만, 무모하게 쓰면 안 된다. 현명하게 써야 한다. 돈을 저금통장에 넣으려면 어디에서 아껴 써야 할까? 고급 레스토랑에서 맛있는 저녁식사, 새 자동차 구입, 새 양복 이런 것들이 꼭 필요한 지는 네 스스로 결정해야 한다. 그 대신 저금통장에 넣어 네 앞으로 돈을 모을 수 있다. 어느 쪽을 선택하느냐 하는 것은 오로지 네 몫이다.

18일 : 더 풍요롭게 사는 방법에 대하여

　오늘은 더 많이 버는 방법에 대해서 알아보자. 부자가 된 기분을 느끼면서 인생을 풍요롭게 사는 비결 말이다. 경제적으로 풍요로워지면 인생의 다른 분야 즉 대인관계에서도 풍요로워지고 행복을 느끼게 되는 것이다.

　세상에는 모든 사람들이 나눠 가질 만큼 돈이 있다. 네가 풍요롭지 않은 것은 너의 잘못된 믿음 때문이다. 네가 부자가 될 수 없다고 믿으면 너는 평생 가난하게 살 수밖에 없다. 그리고 돈이 네 주머니에서 빠져나갈 것이라고 믿으면 또 그렇게 되는 것이다.

　오늘 너는 넉넉하게 살 수 있다고 믿어라. 너는 풍요로운 인생을 살 거라고 믿어라.

　이제 넉넉해지는 방법에 대해서 알아보자. 네가 넉넉해지려면 다음과 같이 해야 한다.

　첫째, "나는 부자가 될 수 있어." "나는 항상 돈이 충분해."라는 문장을 반복해서 읽어 네 스스로에게 말해 주어라.

둘째, 생활에 찾아오는 풍요로움을 의식하라. 예를 들어서 사람들이 네게 넉넉하게 베풀 때, 이미 낸 돈을 환불받았을 때, 길을 가다가 동전이라도 주웠을 때 생활에 찾아오는 풍요로움을 느껴라.

셋째, 네 자신이 원하는 것을 분명히 알아야 한다. "나는 부자가 되고 싶어."라고 막연하게 말하는 것보다 지금 원하는 것을 명확하게 인식하는 것이 좋다. 예를 들어서 "내 집을 5년 내에 갖고 싶다." "내년에 자동차를 사고 싶다." 등.

넷째, 베푸는 사람이 되어야 한다. 깍쟁이처럼 굴면 좋은 일들이 찾아오지 않는다. 네가 남에게 베풀면 다른 사람도 네게 베푼다. 그러나 보상을 받으려고 하지 말아라.

다섯째, 네 자신을 행운아라고 생각하라. 세상에서 제일 운 좋은 사람이라고 생각하라. 사람들이 너를 보고 "너는 어째서 그렇게 운이 좋니."라고 말하는 모습을 상상하라.

마지막으로 감사하는 태도를 갖자. 네 능력과 재능에 대해서 감사하고, 가족과 집에 대해서 감사해라.

아들아!

오늘부터 그리고 평생 동안 이 여섯 가지 규칙을 따르라. 이것이 네 천성이 되도록 만들어서 돈 때문에 긴장하지 않는 사람, 남에게 베푸는 사람, 운 좋은 사람이 되어라. 네 인생에 풍요가 찾아올 것이라고 믿으면 틀림없이 찾아온단다.

19일 : 전문가를 활용하는 방법을 배우자

오늘은 너의 돈 문제에 관해서 다른 사람이 아닌 네가 자문위원이라고 생각하고 실제 전문가들을 활용하는 방법에 대해서 생각해 보자.

우리 주위에는 경제전문가가 많다. 회계사, 은행투자상담사, 펀드매니저 등은 자기 상품을 팔기 위해서 노력하면서 자기가 최고의 전문가라고 자부하고 잘난 척한다. 그들 중에는 진정으로 너를 위하는 것 같은 말과 태도를 보인다. 그러나 절대로 믿어서는 안 된다.

네가 사회초년생이므로, 그리고 모든 방면에 전문가가 될 수 없으므로 때로는 실제 전문가의 도움을 필요로 할 때가 있다. 그리고 그들과 상담할 때 너를 동등하게 대접해주고 진심으로 충고하는 사람도 있다. 여기서 중요한 것은 바로 네 역할이다. 돈 문제를 누구와 상의할 것인지, 그 충고가 제대로 하는 충고인지를 결정해야 할 사람은 바로 너 자신이라는 것을 잊어서는 안 된다.

그럼 여기서 전문가를 제대로 활용하는 방법에 대해서 알아보자.

– 절대로 상대가 누구이든 다른 사람에게 너의 돈 문제에 대한 결정권
   을 넘겨서는 안 된다.

- 너의 직감을 믿어라. 뭔가 딱 오는 느낌이 들면 즉시 중단하라.
- 그 자리에서 당장 결정하지 말라. 특히 상대방이 재촉할 때는 더 신중해야 한다. 하루나 이틀 시간을 두고 다른 대안을 꼼꼼히 고려해 보라.
- 네가 원하는 것, 네게 딱 맞는 것을 아는 것은 바로 네 자신이다. 이 점을 늘 염두에 두고 네가 네 돈 문제에 대해서만큼은 최고 전문가가 되어야 한다.

아들아!

돈과 관계 되는 일을 복잡하게 여기지 말아라. 그럴 필요가 없다, 통장을 만들고 싶은데 어느 통장이 좋은지 모를 때에는 모든 상품을 골고루 살펴서 이자, 조건, 자기 상황을 비교해 보면 된다.

오늘은 돈에 관해서 네가 얼마나 자립적인 상태인지 알아보는 시간을 갖자. 돈 관리를 잘 해서 경제적으로 성공하려면 독립성을 갖추어야 한다. 이 말은 경제적인 결정은 자신이 직접 내리고, 자신의 돈에 대해서 책임을 지고, 자기 스스로 돈을 벌어야 한다는 뜻이다. 그러지 못할 특별한 이유가 없다면 말이다.

그런데 세상에는 다른 문제에 대해서는 똑똑한데 돈 문제만큼은 어린아이 수준인 사람들이 있다. 경제적으로 다른 사람에게 의지하거나 스스로 돈을 벌려고 하지 않는 사람들이다. 다른 사람에게 돈을 받아쓰는 행동은 그들에게 권력을 넘겨주는 것과 마찬가지다.

우선 경제적으로 자립하지 못한 사람들의 예를 들어보자.

- 성인이 되어서도 부모님이 주시는 용돈을 받아쓴다.
- 자기 힘으로 돈을 벌 수 있는데도 배우자나 다른 사람이 주는 돈을 받아쓴다.
- 친구나 가족에게 돈을 빌린다.
- 돈에 대한 판단을 다른 사람에게 위임한다.

- 돈 문제가 생길 때마다 다른 사람을 탓한다.

   네가 만일 이 중에 해당되는 사항이 있거나 경제적 자립을 하지 못하고 있다면 변해야 한다. 경제적인 자립이 너의 자부심을 높인다. 남에게 의지하지 않고 스스로 결정할 수 있기 때문에 선택의 폭이 넓다.

   그러면 경제적으로 독립하려면 어떻게 해야 할까?

- 스스로 돈을 번다. "마땅한 일자리가 없다." "학원이나 학교에 다시 다니고 싶다." 식의 말은 핑계에 불과하다.
- 아무 때나 돈을 빌리지 않는다. 친구에게 돈을 빌릴 바에는 차라리 은행에서 빌린다. 공식적으로 빌리면 갚지 않고는 견딜 수 없기 때문이다.
- 자기 돈 문제는 자신이 결정한다. 믿을 만한 사람에게 조언을 구하는 것은 상관없지만, 최종 결정은 자신이 한다.
- 남을 탓하지 않는다. 설사 잘못된 결과가 나오더라도 자기가 판단한 일은 자신이 책임을 진다.

아들아!

경제적 자립은 소중하고 보람 있다. 경제적으로 자립하기 위해서 어떤 행동을 할 것인지 오늘 결정하라. 지금까지 도와준 사람에게 감사한 마음은 갖고 있지만, 붙잡고 늘어지던 통나무를 과감하게 밀어내고 스스로 책임을 져라.

이제 네가 스스로 경제적인 판단을 하게 되었다면, 그 판단을 올바르게 하는 것이 중요하다. 경제적 안정과 더 많은 수익과 마음의 평안을 이끌어낼 정도로 현명한 선택을 할 수 있어야 한다. 그런 판단력을 갖추려고 전문적인 훈련을 받거나 독특한 기술을 배울 필요는 없다. 자신감을 갖고 아래의 지침을 따르면 된다.

• 현명하게 판단하기 위한 지침

- 돈 문제에 관한 판단력과 기술이 뛰어난 사람을 찾는다. 굳이 전문가일 필요는 없다. 그 사람에게 가르쳐 달라고 부탁하라. 필요한 기술을 배운다.

- 간단한 기술을 배운다. 필요하다면 해당되는 학원에 다니면서 원하는 기술을 배운다.

- 복잡한 거래는 하지 않는다. 사기성이 농후한 거래는 일반 사람들이 알아차리지 못할 정도로 복잡하다.

- 자신에게 적합한 결정을 내린다. 어떤 것이 적합한 것인지, 어떤 것이 옳은 것인지 네 스스로 판단할 수 있다.

– 그 일을 할 수 있는 여유가 있는지 계산해 본다. 경제적으로 과하게 계획을 세워서는 안 된다.

– 함부로 경솔하게 판단하지 않는다. 시간을 두고 차분히 생각한다.

네가 올바른 판단을 하려면 중요한 점 두 가지를 알아야 한다. 즉 언제나 선택의 길이 있다는 것이고, 지금 상황은 네가 예전에 선택했던 결과라는 점이다. 오늘부터 올바른 선택을 하겠다고 결심해라. 그 결심만으로도 빠르게 상황이 개선될 수 있다.

아들아!

다른 사람의 비위를 맞추려고 잘못된 결정을 내리는 우를 범하지 말라. 남들이 네 결정을 좋아하지 않는다고 해도 상관없다. 그들이 화를 내거나 실망한다고 해도 어차피 이 상황은 지나가기 마련이다. 그들의 감정까지 네가 책임질 필요는 없다. 네가 책임질 일은 네 자신을 위해서 올바른 판단을 내리는 일이다.

아들아!

이제까지 골치 아픈 얘기만 했으니 오늘은 좀 즐거운 이야기를 해보자.

돈은 네게 죄책감을 일으키는 일만 하지 않는다. 비참하게 만드는 일만 하지 않는다. 인생을 행복하게 만들어주려고 한단다. 네가 현명하게 쓰기만 하면 말이다. 인생을 즐길 줄 모르면 아등바등 자린고비처럼 아껴서 무엇에 쓰겠니? 또 그렇게 벌고 관리한들 무슨 소용이 있겠니?

물론 즐기려고 꼭 돈을 써야 하는 것은 아니다. 하지만 돈을 써야 할 일도 분명히 있다. 네게 재미있는 일이 있으면 지출 계획을 짤 때 그것도 포함시켜야 한다. 네가 결혼한 다음에는 부부가 함께 외식을 하거나 주말여행, 영화관람 등을 계획에 넣어야 한다.

즐거움의 장점은 마음이 울적할 때, 스트레스를 받을 때, 심란한 일이 생겼을 때 가볍게 받아들일 수 있고, 에너지를 재충전할 수 있다는 점이다.

즐거움이 없다고 느낄 때가 중요하다. 상황이 힘들 때, 주위에 온통 문제 거리라고 느낄 때, 그리고 주머니에 땡전 한 푼 없을 때, 이럴 때 기분전환하기 위해서 즐거움을 찾을 필요가 있다. 골칫거리를 가벼운 마음으로 접근하면 오히려 문제가 쉽게 풀릴 때가 있다.

아들아!

즐거워할 줄 아는 사람이 되자. 네가 어렸을 때는 배우지 않고도 자연스럽게 즐거움을 받아들일 줄 알았는데, 어른이 되면서 이런 능력을 조금씩 잃어버리는 것 같아 씁쓸하다. 네가 너무 심각하게 받아들이는 스타일이라면 즐거움에 대한 시각을 바꿔 보라. 즐거움을 새롭게 받아들일 때가 되었다.

오늘 재미있는 일을 하라. 웃고 놀고 즐겨라. 행복해져라. 돈이 주는 기쁨을 맛보라.

특히 너처럼 젊었을 때는 돈 한 번 화끈하게 쓰고 싶을 때가 있다. 그래서 내일 산수갑산을 갈망정 오늘 신나게 돈을 쓴다. 그리고는 그 다음 날 후회를 하게 된다. 이런 경험은 누구나 아마도 한두 번은 있을 것이다. 특히 크리스마스 시즌이 다가오면 돈을 아껴 쓰겠다고 결심했던 사람들도 갑작스럽게 소비열병에 걸려 예산을 훨씬 초과해서 쓰게 된다. 특히 오늘날 신용카드 이용이 보편화되면서 결제를 생각하지 않고 무분별하게 남용한다.

화끈하게 돈 한 번 쓰고 싶다면 계획을 세워라. 네가 지출이 많은 때, 예를 들어서 크리스마스, 명절, 생일 같은 때에 얼마 정도 사용했는지 대충 계산을 해보고 이번에는 그 정도의 돈을 저축하는 것이다. 저축은 한 번에 하기보다는 그 돈을 열두 달로 나눠서 다달이 모으는 게 제일 좋은 방법이다.

아들아!

한 번 화끈하게 쓰고 나서 경제적인 지옥으로 떨어진다면 화끈해서 좋았던 기분이 사라진다. 은행 담당자에게 사정을 해야 하거나 긴축경제를 써야 한다면 화끈하게 돈 쓴 기분도, 의미도 없어지고 만다. 화끈하게 돈을 쓰기 전에 그 비용부터 계산하라.

사람들은 사고 싶은 물건을 사들이고 하고 싶은 일에 돈을 쓰면 일시적인 흥분 상태가 되어 기분이 고조된다. 불행한 감정들은 사라진다. 하지만 그런 감정의 도취는 일시적인 것에 지나지 않고 나중에 기분이 더 나빠지는 경우가 생긴다. 그래서 다시 흥분을 느껴보려면 돈을 써야 한다.

쇼핑중독에 시달리는 사람들이 이런 경우이다. 남자들보다 여자들이 많은데 쇼핑중독에 빠지면 돈을 쓰고 또 쓰다가 빚더미에 빠지게 된다. 중요한 것은 다른 중독 증세처럼 이런 방법은 고치는 데 효과가 없다는 점이다. 술에 취해서 마음을 달래보려다가 패가망신당하는 것과 똑같은 이치이다.

이런 쇼핑중독은 돈 관리법을 다루면서 짚고 넘어가야 할 사항이므로 잠시 언급한다.

• 쇼핑중독에 빠지지 않는 법
– 아무래도 돈을 써야 마음이 진정될 것 같으면, 예산에 구멍이 나지 않는 범위 내에서 액수를 정한다. 그만큼의 현금을 갖고 나가서 쓰

고 더 이상 쓰지 않는다.

- 신용카드를 쓰고 싶은 충동이 너무 자주 나면 신용카드를 잘라버려
  라.

아들아!

오늘부터 기분에 좌우되어 돈을 쓰지 않겠다고 결심을 해라. 자신의
기분을 스스로 조절할 줄 아는 능력을 키우자.

25일 : 남에게 베푸는 일에 대하여

오늘은 다른 사람에게 돈을 주는 일에 대해서 이야기하려고 한다. 남에게 베푸는 일처럼 보람 있고, 기분이 좋은 일은 별로 없다. 남에게 베풀다 보면 너의 마음도 넉넉해지고 너에게 돈이 더 따라오는 효과도 있단다.

사람들은 쪼들릴 때, 빚을 지고 있거나 경제적으로 어려움에 처해 있게 되면 두 가지 방법 중에 하나를 택한다. 돈은 없으면서도 있는 것처럼 밥을 사거나 선물을 안기는 등 돈을 펑펑 쓴다. 아니면 당연히 써야 할 돈도 쓰지 못하고 자린고비가 된다. 너는 이 두 가지 패턴 중에 어느 것을 택하겠니?

네가 지나치게 퍼주는 편이라면, 그런 성격 때문에 경제적으로 어려움에 처했을지도 모른다. 가진 것도 없으면서 남에게 퍼주는 것은 호감을 사고 싶어서이다. 이것은 자신에 대한 자부심이 부족하다는 뜻도 되는 것이다.

반면에 궁핍하다고 느끼는 사람은 자린고비가 된다. 돈줄이 언제 마를지도 모른다는 두려움에 가진 것이라도 꽉 쥐고 있자는 생각에서 비롯된 것이다.

이 두 가지 모두 사랑과 돈이 잘못 연결된 경우이다. 헤프게 주는 사람은 돈으로 사랑을 살 수 있다고 생각한 것이고, 인색한 사람은 사랑을 받지 못할 거라고 생각하고 있는 것이다.

네가 이런 행동을 하고 있다면 오늘 당장 그만두어라. 네 자신이 어떤 행동을 하고 있는지 파악해서 그 패턴을 바꿔 보라, 진심에서 우러나는 관대함으로 바꾸는 것이다.

그렇다면 진심으로 관대해진다는 것은 어떤 것인지 알아보자.

– 진심으로 원해서, 줄 수 있다는 사실이 기뻐서 주는 행동이다.

– 보상을 바라지 않고 베푼다.

– 자신이 감당할 수 있는 범위 내에서 베푼다.

– 사랑하는 마음으로 준다.

– 시기가 적절하다고 생각해서 베푼다.

주고받는 것은 동전의 양면과 같아서 관대하게 베풀 수 있으려면 다른 사람의 호의도 받아들일 줄 알아야 한다. 너도 다른 사람으로부터 호의를 받는 것에 대해서 어색해하는 편이니? 그렇다면 오늘부터 마음을 바꾸어 보라. "나는 다른 사람으로부터 사랑을 받을 자격이 있으며, 호의를 받아들일 수 있다."라고 스스로에게 말해 주어라. 그러면 다른 사람의 호의도 감사하는 마음으로 당당하게 받을 수 있을 것이다.

아들아!

주는 것, 받는 것, 모두 네게서 비롯되어야 한다. 자신에게 친절하게 굴어라. 작은 선물도 해보라. 그리고 그런 일들을 기쁘고 즐겁게 받아들여라. 마음을 넉넉하게 열어서 친절한 행동을 주고받으면 너의 삶에 좋은 일들이 많이 생길 것이다. 주고받는 것, 모두 사랑의 행동임을 명심하라.

오늘은 푼돈 관리에 대해서 이야기해 보려고 한다.

보통 큰돈을 쓸 때, 예를 들어서 자동차를 구입하거나 휴가비를 책정할 때는 어떻게 해야 규모 있게 쓸 수 있을지, 그리고 그 정도를 쓰는 것이 합당한 지에 대해서 곰곰이 생각하게 된다. 그런데 푼돈을 쓸 때는 아주 다르다. 1, 2초 고민도 하지 않고 결정해 버린다. 기분이 좋다고 해서, 오랜만에 만난 친구라고 해서, 진급을 했다고 해서 고민도 없이 돈을 써버리거나 카드를 긁는다. 그런데 이런 돈을 쓰면서 "일주일 동안 다른 데에 쓸 돈을 쓰지 않으면 되지 뭐." 하고 정당화한다. 하지만 이런 일이 계속되면 문제가 된다. 작은 돈이 큰돈으로 불어난다는 사실을 잊어버린 것이다.

오늘 네 소비 패턴을 분석해 보아라. '아낄 수 있는 부분' 은 어디인지 알아보아라. 고유가 시대에 자가용을 모는 대신 대중교통을 이용할 수 없는지 이렇게 분석하는 과정에 조금이라도 아낄 수 있는 지혜가 떠오를 것이다.

여기서 내가 말하고자 하는 취지는 네가 자린고비로 살라는 것이 아니라 소비습관을 꼼꼼히 들여다보면 의외로 사소한 일에 돈이 많이 들어간 것을 알게 되고, 푼돈이라도 불필요한 지출은 삼가게 된다는 점이다.

아들아!

이제는 푼돈도 아낄 수 있는 분야를 생각해 보아라. 돈을 쓰지 않아도 별 불편을 느끼지 않을 부분이다. 그 돈을 저축하면 한 달 후에 얼마가 될지 계산해 보아라. 그 돈은 네 수중에 남아 있는 돈이다. 저축을 하거나 다른 데에 유용하게 쓸 수 있다.

물건을 살 때 몇 가지를 사지 말아 보아라. 그러면 생각보다 훨씬 많은 돈이 남을 것이다. 필요 없는 물건을 사지 않는 것만으로도 금세 부자가 된 기분이 들 것이다.

27일 : 돈과 기분과의 관계

오늘은 돈과 기분과의 연관관계를 생각해 보는 시간이다. 인간은 감정의 동물이므로 기분이 좋았다 나빴다 하는 것은 정상이다. 그리고 이것은 삶의 일부분이기도 하단다. 기분이 좋으면 마음도 가벼워지고 모든 일이 잘 될 것 같고, 기분이 나쁘면 마음이 울적해지면서 만사가 귀찮아진다.

오늘 네가 나를 찾아와서 걱정하던 일들을 생각해 보자. 공과금을 내야 하는데 돈이 없어서 걱정, 수입이 줄어서 걱정, 이런 걱정들이 네 마음속에 수없이 들락날락했을 것이다. 그런데 이제 너에게 뜻밖의 좋은 일이 찾아왔다고 생각해 보자. 꿈에 그리던 이상형의 여자가 나타나서 너를 사랑한다고 상상하면 어떨까? 그러면 세상이 온통 밝아 보이고 무얼 보더라도 기쁘다. 이런 상황에서는 아무리 어려운 일이라도 금방 해결할 것 같은 기분이 든다. 초조하거나 안달하지 않고 자신 있게 해결할 것 같은 기분이 든다. 이것이 바로 기분이 지닌 효능이다. 우울한 기분이 들면 판단이 흐리게 된다.

우울한 기분이 들 때는 경제적인 결정을 미루어야 한다. 문제를 해결하려고 애써봤자 소용이 없다. 오히려 기분만 더 나빠진다.

이제부터 우울한 기분이 들 때면 돈에 대한 근심 걱정은 일단 미뤄 놓기 바란다. 우울한 상태가 지나갈 때까지 기다려라. 기분이 좋아지면 그 때 경제 문제를 끄집어내어서 결정하면 된다.

아들아!

우울한 기분이 되더라도 인내심을 가져라. 어차피 그런 기분도 나아지게 되어 있다. 기분이 좋아지면 그 기분은 네가 결정하는 데에 영향을 줄 수 있다. 돈 문제는 기분이 좋아질 때 생각하라. 네 자신을 위해서 일을 쉽게 만들어라.

28일 : 목표를 정하라

오늘은 미래를 위해 목표를 세우는 일에 대해서 이야기하자. 앞장에서는 삶의 목표에 대해서 말했지만, 여기서는 너의 경제적 삶에 있어서 세워야 할 목표가 무엇인지 결정하자는 얘기다.

지금까지는 네가 자신의 돈을 책임지고 잘 관리하는 사람이 되도록 하는 것에 대해서 여러 분야에 대해서 말해 왔다. 지금쯤은 자신감도 생겼을 것이라고 믿는다. 그렇다면 이제 미래를 바라볼 때가 되었다. 앞으로 갈 목표 지점을 결정할 때이다. 목표와 방향이 생기면 새로운 습관을 강화시키기만 하면 된다.

돈에 관해서 네 목표를 정해 보자. 예를 들면 이런 식이 되겠지.

- 빚을 하나도 남김없이 정리한다.

- 신용카드를 쓰지 않고 돈을 관리한다.

- 매달 저축을 하여 종자돈을 만든다.

- 100% 완벽한 내 집을 마련한다.

- 좋아하는 일을 하면서 돈을 번다.

- 한 달에 한 번씩 경제 상태를 점검한다.

- 지금보다 더 까다롭게 돈을 쓴다.
- 돈에 관해서 알아야 할 지식을 배운다.

이제 여기서 네 나름대로 목표를 덧붙여라. 그리고 장기목표(내집마련)와 단기목표(필요한 지식 배우기)로 나눈다. 그 다음에 목표를 달성할 방법을 생각해 보라. 예를 들어서 내집마련을 하려면 청약통장에 가입한다는 등 목표 달성에 필요한 길을 찾아본다.

아들아!

목표가 아무리 훌륭하다고 한들 실천하지 않으면 이룰 수 없다. 지속적으로 노력하지 않으면 이룰 수 없다. 그래서 의지가 필요하다. 낡은 습관을 완전히 떼어버릴 때까지 지금 자신에게 맞는 소비습관을 결정해서 무의식적으로 할 때까지 계속 연습해야 한다.

성공의 열쇠는 자신이 원하는 것을 분명히 아는 데에 있다. 자신이 뭘 원하는지, 그것을 위해서 어떻게 해야 하는지 애매하게 생각하는 사람들이 많지만 너는 달라야 한다.

네가 원하는 것을 확실히 파악하여 네 삶에 끌어들여라. 긍정적인 믿음과 꾸준한 노력으로 소원하는 것을 이룰 수 있다.

29일 : 이제 끝이다

　나는 이제 돈을 잘 관리하여 경제적으로 성공하기 위한 돈 관리법에 대한 이야기를 끝맺을까 한다. 그 동안 네가 어쩌면 고리타분할 수 있는 이야기를 잘 경청해준 데 대하여 고맙게 생각한다. 앞에서 말했지만 내가 장장 29일 동안 돈 관리에 대해서 말한 것은 돈을 잘 관리하지 못하면 절대로 경제적으로 성공하지 못하며, 경제적 성공 없이 부자가 될 수 없기 때문이다. 이것은 만고의 불변의 진리이다.

　너는 이제 경제적인 성공으로 가는 길에 접어들었다. 네가 마음만 먹으면 할 수 있다는 믿음만 있으면, 경제적으로 성공하여 부자가 되는 너의 길을 가로막을 것은 아무것도 없다.

　너는 풍족한 세상을 살고 있다. 이 사실을 아는 사람은 자신의 몫을 즐겁게 받아들일 것이고, 모르는 사람은 늘 걱정에 빠져서 근심걱정으로 가진 것마저 즐기지 못하고 돈도 더 많이 벌 수가 없을 것이다.

　돈은 에너지다. 모든 에너지 자원은 자연의 규칙대로 움직인다. 돈은 이런 자연의 규칙에 따라 들어왔다 나갔다 한다. 남에게 베풀어야 하는 이유는 바로 이것이다. 돈 에너지는 끼리끼리 모이는 습성이 있다. 그래서 많이 가질수록 더 많이 가지게 되고, 있는 사람에게 돈이 모이게 되는 것이다.

　돈을 너의 동료로, 지지자로, 즐거움의 근원으로 삼아라. 신체적인 조화가 이루어졌을 때 기분이 좋듯이, 경제상황이 조화로우면 기분이 근사해진다. 너는 돈을 지배할 능력을 갖추고 있으며, 네가 원하는 삶을 살아갈 수 있는 능력이 있다. 그러므로 힘차게 지금부터라도 추진해 보라. 그리고 부자가 되어라.

아들에게 알려주는 부자되는 좋은 습관

2판 1쇄 인쇄 | 2023년 4월 20일
2판 1쇄 발행 | 2023년 4월 25일

지은이 | 로버트 G. 알렌
엮은이 | 김주영
펴낸이 | 이현순

펴낸곳 | 백만문화사
주소 | 서울특별시 마포구 독막로 28길 34(신수동)
대표전화 | (02) 325-5176
팩스 | (02) 323-7633
신고번호 | 제2013-000126호.
홈페이지 | www.bm-books.com
이메일 | bmbooks@naver.com
Translation Copyright©2023 by BAEKMAN Publishing Co.
Printed & Manufactured in Seoul, Korea

ISBN 979-11-89272-36-4 (03320)
값 16,000원

| 아들에게 알려주는 부자되는 좋은 습관 |